A PANDEMIA
DO CORONAVÍRUS

JOÃO DÉCIO PASSOS (ORG.)

A PANDEMIA
DO CORONAVÍRUS

Onde estivemos? Para onde vamos?

Prefácio:
Dom João Justino de Medeiros Silva

Dados Internacionais de Catalogação na Publicação (CIP)
(Câmara Brasileira do Livro, SP, Brasil)

A pandemia do Coronavirus : Onde estivemos? Para onde vamos? organizado por João Décio Passos ; prefácio de Dom João Justino de Medeiros Silva. -- São Paulo : Paulinas, 2020.

240 p.

ISBN 978-85-356-4614-6

1. Pandemia 2. Coronavirus - Aspectos sociais 3. Coronavirus - Aspectos políticos 4. Coronavirus - Aspectos religiosos 5. Saúde pública - Epidemias 6. Quarentena I. Passos, João Décio II. Silva, João Justino de Medeiros

20-1478   CDD 614.5180981

Índice para catálogo sistemático:
1. Coronavirus - Aspectos sociais, políticos e religiosos 614.5180981

Angélica Ilacqua - Bibliotecária - CRB-8/7057

1ª edição – 2020

Direção-geral: *Flávia Reginatto*
Editores responsáveis: *Vera Ivanise Bombonatto e João Décio Passos*
Copidesque: *Ana Cecilia Mari*
Coordenação de revisão: *Marina Mendonça*
Revisão: *Sandra Sinzato*
Gerente de produção: *Felício Calegaro Neto*
Capa e projeto gráfico: *Tiago Filu*

Nenhuma parte desta obra poderá ser reproduzida ou transmitida por qualquer forma e/ou quaisquer meios (eletrônico ou mecânico, incluindo fotocópia e gravação) ou arquivada em qualquer sistema ou banco de dados sem permissão escrita da Editora. Direitos reservados.

Paulinas

Rua Dona Inácia Uchoa, 62
04110-020 – São Paulo – SP (Brasil)
Tel.: (11) 2125-3500
http://www.paulinas.com.br – editora@paulinas.com.br
Telemarketing e SAC: 0800-7010081
© Pia Sociedade Filhas de São Paulo – São Paulo, 2020

Sumário

Prefácio 7
Dom João Justino de Medeiros Silva

Introdução 15
João Décio Passos

ONDE ESTÁVAMOS? A CONJUNTURA DA PANDEMIA

CAPÍTULO I
Além da pandemia: uma convergência de crises 25
Ladislau Dowbor

CAPÍTULO II
O trabalho sob o impacto da Covid-19 49
Marcio Pochmann

CAPÍTULO III
Políticas públicas em situações sociais críticas:
considerações a partir da pandemia do coronavírus 63
Vera Lucia Ferreira Mendes e Luiz Augusto de Paula Souza

CAPÍTULO IV
Desigualdades socioespaciais e pandemia:
impactos metropolitanos da Covid-19 75
Lucia Maria Machado Bógus e Luís Felipe Aires Magalhães

ONDE ESTAMOS? IMPACTOS IMEDIATOS E LEITURAS

CAPÍTULO V
Do micro para o macro: estruturas em mutações a olho nu 95
João Décio Passos

CAPÍTULO VI
As novas formas de presença em tempos de pandemia 113
Alzirinha Souza

CAPÍTULO VII
Entre a informação e a "infodemia": a Covid-19 e as mídias 131
Magali do Nascimento Cunha

CAPÍTULO VIII
As interpretações religiosas para o novo vírus 151
Fábio L. Stern

PARA ONDE VAMOS? INTERROGAÇÕES E SIGNIFICADOS

CAPÍTULO IX
Cura ou qual mundo queremos (re)construir? 171
Luiz Augusto de Paula Souza

CAPÍTULO X
Desamparo e pandemia 185
Jorge Broide

CAPÍTULO XI
Deus em meio à pandemia 197
Maria Clara Lucchetti Bingemer

CAPÍTULO XII
O silêncio de Deus no grito das vítimas 213
Fernando Altemeyer Junior

POSFÁCIO
Considerações transitórias 231

Autores 237

Prefácio

A pandemia desencadeada pelo novo coronavírus nos primeiros meses de 2020 é a primeira de um mundo globalizado com os requintes da tecnologia da comunicação e dos transportes. Quem assistiu pela TV ao ataque e à destruição das torres gêmeas em Nova Iorque, em 11 de setembro de 2011, ou, antes ainda, à guerra no Iraque em 2003, talvez não previsse que presenciaria a abertura de valas comuns para os mortos pela Covid-19, em Nova Iorque, nem as filas de caminhões na Itália levando caixões para cremação. Em aproximadamente três meses, o mundo viu mais de 100 mil mortes causadas pelo novo coronavírus. O impacto existencial, social e econômico não pode ser calculado nem previsto. No entanto, o fato está aí e interpela a todos. Se algumas áreas da organização social são mais afetadas, isso não quer dizer que alguma esteja imune às consequências da pandemia. A tarefa de pensar o que está em curso e seus efeitos torna-se uma convocação para quem se permite indagar, refletir e comunicar, a partir de diferentes pontos de vista, o que atinge a todos. Indubitavelmente, trata-se de um momento de desafios e de aprendizados. É este, pois, o objetivo desta obra conjunta.

O quadro atual vê derrubadas diferentes pretensões humanas. O saber científico vai encontrando explicações e indicando possíveis formas de tratamento, mas a vacina e o remédio eficazes ainda estão por ser encontrados. Os sistemas de saúde, inclusive dos países ricos, são imediatamente impactados, sem condições de acolher os infectados que necessitam de tratamento hospitalar e, na fase crítica, de respiradores nas UTIs. A oferta dos EPIs não acompanha a demanda. É preciso recorrer à produção caseira para suprir a industrial. Por sua vez, a economia ralenta e os desdobramentos são inevitáveis: desemprego, queda brusca na produção, pequenas e médias empresas à deriva, aumento das estatísticas da fome. As intervenções do Estado são urgentes e necessárias, mas vê-se aqui e ali os desgastes políticos provocados por quem não só coloca a economia acima da vida como também, desavergonhadamente, quer tirar proveito da situação. Há indícios claros de que retardar o distanciamento social e as intervenções nas relações de trabalho e produção é um desastre anunciado.

Indicações aparentemente simples e eficazes para conter a rápida disseminação do vírus apregoam duas atitudes: constante higienização e isolamento social. Ora, se os países do chamado "primeiro mundo" têm dificuldades com a higienização, imaginem-se as regiões mais pobres do planeta, onde a precariedade da infraestrutura é denunciada pela falta do acesso à água potável e pelo descarte de esgoto a céu aberto. E como falar de distanciamento social se nas grandes cidades existem centenas de favelas ou aglomerados, inúmeros cortiços e numerosa população de rua? Parece uma ironia da linguagem: proibir a aglomeração de pessoas quando milhões vivem nos aglomerados. Mais uma vez a pauta da desigualdade social tem como resultado cantos de lamentos. O fosso entre ricos e pobres aprofunda-se.

A pandemia chegou inesperadamente. Trouxe dor e morte e expôs as vulnerabilidades da humanidade. Colocou-nos diante da vulnerabilidade da vida humana. Mais uma vez, um grito silencioso adverte: vós, homens, podeis muito, mas não podeis tudo. A medicina, superespecializada em inúmeros procedimentos para salvar vidas e restituir a qualidade delas, depara-se com um novo inimigo cuja força de letalidade é alta e, inclusive, ceifa a vida de muitos profissionais da saúde. Todos, diante desse cenário, são remetidos a um silêncio interior, causado não apenas pelo isolamento social como também pela angústia de reconhecer que, mesmo não pertencendo aos grupos de risco, são vulneráveis.

A saudade dos encontros pessoais se aguça com o espectro da dúvida de eventualmente perder pessoas queridas sem nem mesmo poder sepultá-las. Sentimo-nos fracos. Somos atingidos diretamente no desejo prepotente de tudo poder realizar. A cultura individualista e consumista apregoa que é preciso correr atrás, dia e noite, do dinheiro para custear os novos produtos que o mercado sedutoramente apresenta.

Paradoxalmente, descobre-se na dor que estamos interligados uns aos outros mais do que comumente percebemos, e a fraternidade e a solidariedade não ficam canceladas pelo isolamento. Antes, o próprio isolamento recupera o brilho das relações humanas. Todos dependemos uns dos outros. Gestos bonitos de cuidado com o outro, o familiar, o vizinho, o idoso, o enfermo, o infectado... revelam que há no ser humano uma enorme reserva de solidariedade que não deveria ficar represada pelo ritmo frenético, sobretudo, da vida urbana.

Somos socialmente muito vulneráveis. Embora o vírus não faça acepção de pessoas, os mais pobres, por razões diversas, estão mais expostos. Basta pensar na população de rua ou dos hospitais públicos sucateados. A pandemia desvela a precariedade das políticas públicas e a inadequação do Estado para lidar com esse desafio. Deixará um rastro de perdas humanas e sociais e uma tarefa inadiável de repensar a economia. Um pouco de sensibilidade social é suficiente para perceber as vítimas do mercado. "Esta economia mata", disse o papa Francisco (*Evangelii gaudium* 53). E, em situações de pandemia, mata mais, porque pretende ser quase intocável em seu culto idolátrico do dinheiro.

O quadro pandêmico impôs o adiamento de dois eventos convocados pelo papa Francisco para o primeiro semestre de 2020. O primeiro aconteceria em Assis, na Itália, no mês de março, e reuniria centenas de jovens economistas e jovens empreendedores para pensar uma "nova economia". Denominado "Economia de Francisco", todas as discussões preparatórias apontam para o esgotamento de um modelo econômico centrado no capital e associado à cultura do descarte que destrói a Casa Comum. Urge encontrar caminhos para uma economia solidária e não excludente.

Em maio seria a vez de celebrar os cinco anos da Encíclica *Laudato si'* (LS), com a celebração do Pacto Educativo Global, em Roma; oportunidade de repropor o pacto educativo com bases no humanismo solidário. É nítida a forte conotação profética dessas duas iniciativas do papa Francisco. A preparação desses encontros antecipava as discussões que agora se tornam inadiáveis, quando o mundo se vê assaltado pelo novo coronavírus. O horizonte aberto pelas constantes intervenções do Papa aponta para a necessidade de repensar economia e educação. Suas reflexões agregam grande número de pensadores, de economistas, educadores e jovens que reconhecem a urgente necessidade de mudanças dos paradigmas de desenvolvimento social.

Quando o papa Francisco fala de conversão integral, há que entender que ele inclui a conversão integral da pessoa e da própria Igreja pela adoção radical do modelo pastoral missionário. Apela, também, para a necessária conversão ecológica, definida como um novo comportamento para "deixar emergir, nas relações com o mundo que os rodeia, todas as consequências do encontro com Jesus. Viver a vocação de guardiões da obra de Deus não é algo de opcional nem um aspecto secundário da experiência cristã, mas parte essencial de uma existência virtuosa" (LS 217). Conversão ecológica não é outra conversão, mas o aprofundamento da mesma conversão pessoal; é deixar que o Evangelho ilumine todos as dimensões da existência e da história, pois "se 'os desertos exteriores se multiplicam no mundo, porque os desertos interiores se tornaram tão amplos', a crise ecológica é um apelo a uma profunda conversão interior" (LS 217). Insiste o Papa que tal conversão tem desdobramento social na dimensão comunitária: "A conversão ecológica, que se requer para criar um dinamismo de mudança duradoura, é também uma conversão comunitária" (LS 219). E mais: "Essa conversão comporta várias atitudes que se conjugam para ativar um cuidado generoso e cheio de ternura" (LS 220). E um apelo ecumênico: "Convido todos os cristãos a explicitar essa dimensão da sua conversão, permitindo que a força e a luz da graça recebida se estendam também à relação com as outras criaturas e com o mundo que os rodeia, e suscite aquela sublime fraternidade com a criação inteira que viveu, de maneira tão elucidativa, São Francisco de Assis" (LS 221).

Diante da pandemia provocada pelo novo coronavírus, não há razões para nenhum desespero, desânimo ou desencorajamento. As vulnerabilidades do mundo afloradas neste clima de pandemia confirmam as intuições e o ensino de Francisco, cuja sensibilidade para as questões existenciais e sociais emerge de sua profunda experiência de Jesus Cristo. Se podemos falar de mudanças, transformações, conversões, é porque a mensagem do cristianismo é essencialmente pascal. Isso significa dizer que o mistério da paixão, morte e ressurreição de Jesus é, também, o centro da liturgia, da espiritualidade e da vida cristã. Dessa forma, a meta dos cristãos é viver de modo pascal, isto é, renunciar a si mesmo, tomar a própria cruz e seguir Jesus Crucificado-Ressuscitado; é compreender que toda a vida é marcada pelo mistério pascal, ou seja, pela dinâmica da vida que vence a morte, da luz que rompe qualquer escuridão. O canto pascal "Eis a luz de Cristo" há de ser repetido pelo discípulo de Jesus a cada dia, em cada situação em que a vida parece sucumbir. Como a vela se consome para iluminar, nos seus pequenos gestos diários o cristão ilumina o mundo com a fé, a esperança e a caridade. Em cada momento de dor e de sofrimento, alimenta-se da mística do grão de trigo, que cai na terra e morre para produzir fruto (cf. Jo 12,24).

Na perspectiva da fé, Cristo sofre conosco esse momento. Em cada infectado e enfermo, ele se faz presente: "Estava enfermo e cuidastes de mim..." (Mt 25,36). Ele, Verbo encarnado, conheceu o sofrimento humano a partir de dentro e se faz nosso companheiro na estrada escura pela qual estamos passando. Ele é o bom pastor. Quando tudo parece faltar, ali está com o seu cajado a nos sustentar. Não há, pois, o que temer. Há que oferecer o melhor de nós mesmos para o bem das pessoas. Há que ser criativamente solidário. E isso é viver de modo pascal; é crer que a vida é sempre mais forte que a morte; que o amor sobrevive à morte.

Dom João Justino de Medeiros Silva

Introdução

> Esperou mais sete dias, e soltou de novo a pomba para fora da arca. Ao entardecer, a pomba voltou a Noé, trazendo no bico um ramo de oliveira (Gn 8,10).

Somos testemunhas e protagonistas de um momento inédito da história da humanidade. Narraremos às gerações futuras a experiência de "uma pandemia globalizada" no pleno sentido do termo e, talvez, de uma significativa mudança histórica nas práticas e nas mentalidades. O que jamais imaginávamos aconteceu: o mundo parou sem dar tempo para planejar saídas imediatas à inesperada. Não tivemos tempo de construir uma arca planetária ou nacional segura e capaz de salvar a todos do dilúvio invisível da Covid-19, que encheu o planeta.

Uma pandemia provoca medo e pânico como todas as epidemias de ontem e de sempre, mas termina assimilada biologicamente pelo contágio natural ou, na era das ciências, pela imunização realizada por meio das vacinas adequadas. Contudo, o drama humano decorrente do episódio permanece na memória com suas dores e até com seus traumas. O mundo, por certo, não será mais o mesmo após o primeiro semestre dos anos vinte do século XXI. O que virá depois, começaremos a ver em breve e acompanharemos ainda por tempo indefinido. O fato é que um vírus sacudiu o planeta e exigiu revisões de rotas e estratégias dos governantes e de cada cidadão do mundo em apenas algumas semanas. O surpreendente se instalou na história. Onde estávamos, para onde caminhávamos e para onde iremos? Essa interrogação vai ecoar mesmo que evitada ou sufocada por alguma promessa de solução à grande crise. A pandemia colocou na luz do dia o fim das certezas sobre o presente e sobre o futuro. A pomba parece não ter ainda retornado à arca com o broto de oliveira no bico, anunciando que o recomeço é possível. E, como Noé e seus filhos saídos da arca, teremos que começar de novo?

Os significados de um fato com a proporção dessa pandemia que vivenciamos são muitos e, na sociedade da informação, adquirem dinâmicas próprias, seja pela pluralidade de leituras veiculadas, seja pela agilidade ou pelos efeitos diretos nas bolhas sociais constituídas pelas redes de comunicação. A vida de cada indivíduo mundialmente conectado está afetada por uma ou outra leitura sobre a pandemia. Ninguém fica isento dos efeitos sociais, políticos, religiosos e éticos das informações que circulam em grande volume e com velocidade espetacular pelos quatro cantos do planeta. Nunca dantes uma epidemia foi vivenciada em tempo real e com tamanha sintonia global. O planeta foi direcionado para uma rota comum.

Introdução

As muitas leituras feitas sobre a pandemia revelam as diferentes percepções de mundo que afloram em momentos de crise, das mais sensatas às mais exóticas e delirantes. Elas rompem com uma relativa regularidade hermenêutica que dispensa ou camufla as leituras mais radicais que peitam os consensos: a começar por aquelas que afirmam a inexistência de uma pandemia, passando pelos que enxergam na crise uma vingança da natureza ou uma natural purificação da espécie, até as que buscam causas e intervenções religiosas. As leituras das ciências estão evidentemente no comando das interpretações. No século XIV, quando a "peste negra" matou dois terços da população da Europa, a leitura predominante era naturalmente a religiosa: a pandemia tinha uma causa sobrenatural e, por conseguinte, uma solução ritual. A ciência da época patinava entre o religioso e o cósmico por não dispor de instrumentos capazes de visualizar os microrganismos, de expor as causas e, por conseguinte, intervir nos efeitos. Hoje, felizmente, temos posse desses conhecimentos e, rapidamente, os colocamos em ação. O mundo está pautado nas ciências, desde os estudos detalhados do vírus até as estratégias de controle estatístico da evolução do contágio. Embora as ciências não resolvam tudo, oferecem as ferramentas indispensáveis para os poderes intervirem na epidemia, na busca de medidas que minimizem ou até mesmo evitem seus efeitos deletérios massivos.

Contudo, as leituras religiosas ainda persistem paralelas às ciências, quando não ocupando o lugar delas. Não têm faltado leituras semelhantes àquelas do século XIV, que colocam como causa do vírus Deus ou o diabo e, por conseguinte, oferecem rituais de solução: cultos, unção com óleo, novenas, correntes de oração, crucifixo na porta, água benta aspergida na rua, procissão com o Santíssimo Sacramento. Ninguém duvida do apelo popular dessas estratégicas nem do poder das interpretações religiosas. As religiões populares de diversas matrizes lançam mão de interpretações sobrenaturais e de rituais de intervenção na natureza, sobretudo nos tempos de crise. Todavia, a pergunta e a resposta religiosa terão que ser coerentes e éticas; coerentes com os princípios de realidade oferecidos pelas ciências e éticas por colocar a vida como valor anterior a qualquer outro. O que fugir desse parâmetro contribuirá com o reforço da ingenuidade e do fanatismo. A leitura econômica atravessou todas as outras, como chave fundamental de solução e, muitas vezes, como critério principal para decidir sobre as estratégias de contenção do contágio. E não faltou quem tenha afirmado de modo explícito ou disfarçado que a salvação da economia era mais importante do que a preservação das vidas.

De fato, a Covid-19 não tem somente um significado a ser explicado pela biologia e pela medicina; tem também significados sociais, políticos, religiosos e éticos. Se o ciclo de contágio se encerra em um tempo previsto pelas ciências da saúde, os significados humanos permanecerão vivos e ativos em cada sociedade como memória de um drama ou de uma tragédia. A crise geral instaurada pela pandemia verdadeiramente global ainda se arrastará por tempo indeterminado e sem possibilidades de previsão das consequências concretas. A pandemia e suas consequências serão, com certeza, objeto de estudos das mais diversas áreas nos próximos anos e nas próximas décadas.

Esta publicação, ainda no calor da hora, é um esforço imediato de discernimento dos impactos da pandemia na sociedade e nas vidas individuais. Ela tem seus méritos e seus limites. Os méritos dizem respeito à busca de parâmetros mais consistentes para entender o que aconteceu com o planeta, com nosso país e com cada um de nós. Os limites são de ordem hermenêutica, dizem respeito à contemporaneidade dos fatos que pode, por diversas razões, limitar a objetividade das análises. Nesse sentido, os autores visam oferecer não mais que alguns critérios de compreensão do episódio que envolveu a todos e a cada um. O futuro oferecerá certamente abordagens mais precisas e mais completas.

É preciso lembrar ao leitor que as reflexões que compõem a presente publicação não têm como objetivo examinar biologicamente a pandemia provocada pela Covid-19, a transmissão do vírus e as estratégias de contenção que foram e estão sendo utilizadas. O intuito de cada autor é expor um aspecto da pandemia, na perspectiva dos impactos para a vida e a convivência humana planetária e local. O microrganismo provocou um abalo nas macroestruturas e na vida de cada indivíduo do globo. Os significados desse grande impacto são muitos, como são muitos os desafios que se colocaram desde a proliferação do vírus e que acompanharão os tempos pós-pandemia.

Os autores observam e analisam o fenômeno do ponto de vista das ciências humanas e, por conseguinte, desvelam os significados econômicos, sociais, políticos, psicológicos, éticos, religiosos e teológicos do que foi vivenciado por todos os habitantes do planeta e, de modo específico, pelos brasileiros nos últimos tempos. Nossa conjuntura política nos colocou, de fato, em posição original em relação ao resto do mundo. O país vivenciou uma crise dentro de outra crise não somente econômica, mas, sobretudo, política. Os conflitos de interpretação sobre a pandemia estiveram presentes pelo mundo afora e ganharam dinâmicas amplificadas nas redes sociais. Contudo, no Brasil tornou-se um conflito agudo que produziu divergências e desamparos, protestos e conflitos. E, por essa razão, muitos saíram ou ainda sairão da crise mais fanatizados, dispensando as ciências em nome do religioso ou de ideologias políticas messiânicas.

As ciências deram o comando efetivo na interpretação e nas estratégias de controle, como em outras partes do planeta, e, felizmente, se sobrepuseram às leituras economicistas e ao senso comum em alta na era da pós-verdade. Nesse sentido, as reflexões ora oferecidas são um primeiro passo na reflexão sobre o incêndio que ainda preserva suas brasas e exala sua fumaça densa. Elas visam levar o leitor para além da superfície dos fatos e da indigestão de informações recepcionadas no "tempo longo" do isolamento social. Oxalá possam responder às interrogações do tempo presente sobre o que aconteceu com o mundo nestas semanas! E as interrogações referentes ao futuro, se não podem ser respondidas, emergem como recolocação do sentido da humanidade globalmente conectada. Elas trazem de volta as utopias comuns e as finalidades éticas da vida e da convivência humana.

Os autores trabalharam em tempo recorde para que as reflexões chegassem ao público o quanto antes e pudessem cumprir seu objetivo de ajudar a compreender os impactos, os desafios e os significados da pandemia com seus efeitos em pleno curso. Agradecemos a generosidade e a disposição de cada autor em participar desse mutirão de emergência, incluindo mais uma tarefa em suas agendas. Cada contribuição compõe uma parte importante do todo, somando perspectivas e metodologias próprias de cada disciplina convidada para a roda de conversa.

Quando uma crise se instala, traz consigo interrogações sobre a normalidade das coisas, sobre o significado do presente e do futuro. Não faltam as soluções das predições de futurólogos, das leituras deterministas e das sugestões de intervenções mágicas. Podem também emergir os ceticismos e os desesperos. É nessa hora que devemos pensar de forma autônoma e crítica. Vamos pensar juntos sobre a pandemia e suas possíveis consequências. Onde estivemos e para onde iremos?

ONDE ESTÁVAMOS?

A CONJUNTURA DA PANDEMIA

CAPÍTULO I

Além da pandemia: uma convergência de crises

Ladislau Dowbor

Uma crise sistêmica

A crise causada pela Covid-19 é a pá de cal sobre um sistema planetário disfuncional. Temos de tomar medidas imediatas, proteger vidas, conter na medida do possível a expansão do vírus. Mas o mundo não está apenas se isolando nas casas; está também parando para pensar. Se desgraça serve para algo, é para tirar lições. E a desgraça é muito maior do que tem sido apresentada. Convergem neste momento quatro crises: a crise ambiental, a crise da desigualdade, o caos financeiro e a pandemia. Ao paralisar a economia mundial, o coronavírus nos coloca diante de um desafio sistêmico. A forma como nos organizamos, como nações e como sociedade global, tornou-se disfuncional.

Com a tendência natural de afastarmos do pensamento horizontes desagradáveis, estamos nos atolando gradualmente no desastre ambiental. Entre os gritos de alarme da Greta, o ceticismo oportunista dos céticos, as pacientes demonstrações dos cientistas e a indiferença dos desinformados, deixamos simplesmente a nossa civilização ser levada para o buraco. O aquecimento global aí está, com incêndios florestais devastadores, temperaturas que no Oriente Médio chegaram a ultrapassar 50 graus à sombra, tufões, ciclones e inundações. Mas é muito mais. Em quarenta anos, entre 1970 e 2010, segundo o confiável WWF, liquidamos 52% dos vertebrados do planeta. Desaparecem as abelhas, enquanto continuamos a envenenar o planeta com neonicotinoides; perdemos em ritmo acelerado o solo fértil do planeta, por monocultura intensiva e contaminação química generalizada. Estamos contaminando a água doce da terra pelos resíduos industriais, agrotóxicos e esgotos despejados de maneira irresponsável por toda parte. Já estamos virando o "planeta plástico". Talvez soubéssemos reagir a um choque sísmico, mas, ante a catástrofe em câmara lenta, nos encontramos como anestesiados, apenas olhando os números e balançando a cabeça.

A crise social é igualmente desastrosa. Voltou a subir a fome no planeta, ainda antes dos impactos da pandemia, simplesmente porque interessa usar os alimentos da forma que rende mais, e não para o que é mais necessário. Só de grãos produzimos mais de um quilo por pessoa e por ano; então, é um escândalo que brada aos céus termos 850 milhões de pessoas passando fome. Isso porque sabemos quem são e onde se situam, inclusive medimos as ocorrências de mortes infantis por inanição, que representam algo em torno de cinco torres de Nova Iorque por dia. São mais de 15 mil mortes diárias de crianças nascidas em famílias que não têm nenhuma responsabilidade pela forma como os países e o mundo estão organizados. E para alimentá-las não seria preciso paralisar o planeta. O fato de 1% dos mais ricos terem mais patrimônio acumulado do que os restantes 99% chega a nós como estatística alarmante, mas é um escândalo ético, social, político e econômico.

O caos financeiro não fica atrás. Os idiotas de Wall Street ou da *city* de Londres que gritam entusiasmados *"Greed is good!"* ["A ganância é boa!"], ganham dinheiro "a rodo" e paralisam a economia por transformar recursos que podiam financiar tantas coisas que precisamos em aplicações especulativas. Os mais de 20 trilhões de dólares em paraísos fiscais, frutos de evasão fiscal, corrupção e lavagem de dinheiro em geral, pertencem a personalidades e empresas notórias e identificadas. O ministro da Economia Paulo Guedes é cofundador do BTG Pactual, que tem 38 filiais em paraísos fiscais, drenando o dinheiro do país.

Em 1995 foi aprovada a lei que isenta de impostos os lucros e dividendos distribuídos, aprofundando a injustiça social que impera. Os políticos, advogados e outros membros da tropa de choque das elites, que conseguiram isso, comemoraram a vitória. Entre 2012 e 2019, os 206 bilionários brasileiros triplicaram as suas fortunas, enquanto paralisaram a economia. Se o vírus pode ser letal, o mesmo pode ser dito dos parasitas. Na farsa política atual, disseram que o Bolsa Família, com gastos estimados em torno de 30 bilhões de reais, não cabe no orçamento. Entretanto, esse grupo de bilionários aumentou as suas fortunas em 230 bilhões apenas em doze meses, entre 2018 e 2019. A pandemia chega em meio a um rodamoinho já instalado.

As quatro crises se articulam. Em vez de assegurar a sustentabilidade do planeta, com a reconversão das matrizes da energia, dos transportes e da agricultura, as corporações financeiras arrancam o que podem. Ao drenar os recursos do planeta, aprofundam a desigualdade e a exclusão de bilhões, gerando situações sociais e políticas explosivas por toda parte, e escancarando as portas para a pandemia. Como vão se proteger os bilhões entulhados em periferias urbanas? Transformaram a saúde em negócio para minorias e agora lembram que, para o vírus, não faz diferença se a pessoa tem plano de saúde. Estamos descendo do nosso pedestal de ser humano excepcional para nos reencontrar com a raiz biológica, parte da natureza, que realmente somos, com toda vulnerabilidade.

O desafio é sistêmico: estamos destruindo o planeta em proveito de uma minoria, o que não serve nem para o ser humano nem para o planeta. E os recursos financeiros e tecnológicos que temos de sobra estão sendo utilizados para aprofundar o drama. Isso não funciona. Se há algo de positivo nesta pandemia é de nos colocar diante de nossas contradições.

A economia desgovernada

O parasitismo não é um xingamento, é um mecanismo cuja lógica é, aliás, muito próxima do crescimento exponencial do vírus. E o mecanismo não é nada complexo. Havia muitas críticas ao capitalismo produtivo tradicional, por explorar os trabalhadores, em grande parte justificadas. Mas um produtor tradicional, por exemplo, de sapatos, ainda que explorasse seus trabalhadores, gerava emprego, colocava sapatos no mercado e pagava impostos. Já o produtor de hoje, apenas compra títulos da dívida pública e vive dos nossos impostos, ou aplica o dinheiro em diversos papéis financeiros e vive de rendas. O capitalismo mudou de natureza, gerando o que hoje chamamos de "financeirização". Na realidade, não estamos nos sacrificando para produtores, mas para parasitas que cobram pedágio sobre o que outros produzem. As fortunas brasileiras em paraísos fiscais são da ordem de 520 bilhões de dólares, o equivalente a cerca de um terço do nosso PIB.

A ameaça do vírus se deve em grande parte ao seu crescimento exponencial. Quanto mais pessoas infetadas, mais rápido se expande. Na escola, estudamos isso como progressão geométrica. No mundo financeiro, o mecanismo é semelhante, pois, quanto mais uma fortuna se expande, mais fortuna agrega. Um bilionário que aplica 1 bilhão em papéis que rendem modestos 5% ao ano está ganhando 137 mil ao dia. No dia seguinte está ganhando 5% sobre 1 bilhão mais 137 mil e assim por diante. Como a bola de neve, quanto maior a bola, mais neve agrega a cada volta. Pensem na fortuna do banqueiro Joseph Safra, de 95 bilhões de reais, rendendo bem mais do que 5% ao ano; ou na dos Marinho, da Globo, que têm 33 bilhões declarados. A expansão da fortuna se torna descontrolada, e em economia financeira os manuais se referem precisamente ao *"snowball defect"* [defeito bola de neve]. É assim que os recursos que resultam dos esforços do conjunto da sociedade vão parar nas contas de banqueiros e operadores financeiros em geral.

O mecanismo, naturalmente, não é particularmente brasileiro, apenas adquire no nosso país dimensões mais grotescas. O estudo básico de Thomas Piketty, *O capital no século XXI*, teve impacto no mundo todo ao demonstrar que fazer aplicações financeiras rende entre 7% e 9% ao ano, enquanto a economia real, que produz bens e serviços, progride apenas entre 2% e 2,5% ao ano. Produzir dá trabalho, ou seja, o capitalista moderno, em vez de produzir sapatos, gerar empregos e pagar impostos, passa a alimentar a ciranda financeira, com menos esforço e maior lucro. O sistema capitalista se deformou profundamente.

No caso brasileiro, o mecanismo de apropriação do dinheiro pelas elites financeiras se dá essencialmente por meio de agiotagem, prática que existe há séculos, mas que na era do dinheiro imaterial, simples sinal magnético operado a partir dos bancos e financeiras, atingiu dimensões espantosas. A pesquisa mensal de juros da Anefac (Associação Nacional de Executivos de Finanças, Administração e Contábeis) apresenta os juros de fevereiro de 2020: 260% ao ano no rotativo do cartão, 134% no cheque especial, 96% no crédito para pessoa física, 75%, em média, nos crediários, 45% no crédito para pessoa jurídica, essencialmente pequena e média empresa, pois as grandes fazem empréstimos no exterior a menos de 4% ao ano. À agiotagem se acrescenta a fraude, pois no Brasil os juros são apresentados ao mês, o que os torna semelhantes aos juros internacionais e dificulta a compreensão.

Esses bilhões saem do bolso da população. O resultado hoje são 64 milhões de adultos "negativados", com nome sujo na praça, como se diz popularmente. Cada real extraído do bolso de cada um de nós pelos intermediários financeiros, por exemplo, quando pagamos com cartão, mesmo à vista, alimenta precisamente os bilionários e sua tropa de choque composta de advogados, financistas e outros ajudantes. Gerou-se um sistema extorsivo que paralisa a economia. A narrativa criada foi de que nossa crise econômica resultou do excesso de dinheiro repassado aos pobres e investido em políticas sociais. É uma farsa! Resultou, isso sim, do excesso de dinheiro no topo.

O dinheiro que alimenta o 1% improdutivo do planeta não pode ser simultaneamente utilizado no desenvolvimento industrial, em infraestruturas, na expansão de capacidade de ciência e tecnologia e, em particular, em políticas sociais indispensáveis para o bem-estar das populações. Reduz-se também o investimento produtivo, o que aumenta o desemprego e a informalidade. Isso por sua vez leva a que as pessoas tenham menos dinheiro no bolso, comprem menos e, com isso, as empresas passem a produzir menos. As empresas no Brasil estão trabalhando a menos de 70% da sua capacidade. O desemprego, que estava na faixa de 5% em 2012, mais que dobrou. A economia não parou com a pandemia, está parada desde 2013, quando começaram os ataques ao sistema distributivo. Os parasitas financeiros, como escreve Michael Hudson, também podem matar o hospedeiro.

O Estado desarticulado

Quando as pessoas compram menos e as empresas reduzem o ritmo de produção, gera-se menos receitas para o Estado, que vive em grande parte dos impostos sobre o consumo e as dinâmicas produtivas. O Estado passa a ter menos dinheiro para desenvolver três atividades essenciais: a própria gestão do poder público, como serviços administrativos, exército, gestão financeira, sistemas de informação e semelhantes; o investimento em infraestruturas, como transportes, telecomunicações, energia, água e saneamento; e políticas sociais, como saúde, educação, habitação social, serviços sociais.

Podemos dizer equivocadamente que a primeira função, propriamente burocrática, poderia ser enxugada e racionalizada, em particular com as tecnologias digitais modernas. Contudo, é uma função absolutamente essencial, pois na sua ausência ou fragilização passa a predominar o vale-tudo de todos contra todos, o império da violência, a multiplicação das injustiças respaldadas pela força bruta, os dramas que tanto conhecemos. O núcleo administrativo do Estado, dotado das tecnologias modernas, com dados transparentes e disponíveis, profissionalizado e estável, constitui uma condição prévia e fundamental para o país se desenvolver. Reduzir o Estado sem dúvida funciona como argumento demagógico, mas isso apenas trava a sua função articuladora.

O problema evidentemente não é o tamanho do Estado, mas sim a quem deve servir, às elites e a seus interesses de curto prazo, ou ao desenvolvimento da nação. No nosso caso, em particular, com as dimensões do país e a diversidade dos 5.570 municípios, a extrema centralização financeira e administrativa trava o conjunto, reduzindo drasticamente a capacidade transformadora e modernizadora dos estados e, em particular, dos municípios. O problema da corrupção, eterno argumento dos que querem ter acesso à fonte, não se resolve com demagogia e redução de ministérios, mas com a transparência que as novas tecnologias permitem e a descentralização radical das funções e dos recursos, pois nada reduz os espaços da corrupção tão eficientemente como aproximar o dinheiro e o poder de decisão da base da sociedade.

Em termos de infraestruturas, trata-se de investimentos fundamentais para a produtividade sistêmica da sociedade. O acesso generalizado à rede integrada de produção e distribuição da energia elétrica é essencial tanto para a produtividade das empresas como para o cotidiano das famílias. Dizem respeito a iniciativas do Estado que exigem planejamento integrado. Em particular, os 15 milhões de pessoas que foram beneficiadas pelo programa Luz para Todos não teriam esse acesso no quadro da iniciativa privada, pouco interessada em conectar pessoas de baixa renda. A inclusão digital é essencial para o cotidiano moderno, mas estamos patinando aqui com a fraca cobertura e preços extorsivos do oligopólio privado. A infraestrutura de transporte em grande parte privatizada, em particular com prioridade ao automóvel nas cidades e o caminhão para carga, gera impactos ambientais e custos elevados. As infraestruturas de água e saneamento colocam grande parte da população em risco permanente na área da saúde. Trata-se aqui de intervenções fundamentais do Estado, visando ao desenvolvimento equilibrado e não apenas o lucro imediato.

A área de políticas sociais, quando funciona, é fundamentalmente embasada em políticas públicas que asseguram acesso universal e gratuito. É interessante ler no editorial do *Financial Times* que os governos "devem ver os serviços públicos como investimentos, e não como obrigações". É absurdo apresentar as políticas sociais como saúde, educação, cultura e segurança como "gastos", quando se trata justamente de investimentos no futuro do país. A privatização desses setores desarticula as atividades, com serviços privados caros e sofisticados para uma parcela da população, enquanto se trava o acesso das maiorias, aprofundando as desigualdades e emperrando a produtividade sistêmica do país. Nas áreas sociais, o sistema público é simplesmente mais eficiente.

É essencial entender que o bem-estar das famílias e, em particular, a resiliência para enfrentar a crise atual dependem da generalização do acesso a bens comuns, bens de consumo coletivo. O salário de um canadense pode ser menor que o de um americano, mas ele tem acesso a creche, educação, serviços de saúde, água corrente e rios limpos, parques públicos e gratuitos nas cidades e um conjunto de bens que são essenciais para o cotidiano confortável. Esse "salário indireto" assegurado de maneira gratuita e universal reduz as desigualdades, gera empregos e dinamiza a produtividade sistêmica. É também importante as pessoas não terem de sofrer a angústia de não poder pagar um médico para um filho doente ou acidentado. O bem-estar das pessoas depende, sim, do acesso à renda, mas entre um terço e 40% dependem do acesso a bens públicos gratuitos e de acesso universal.

A forte participação do Estado, tanto em termos de presença política como de investimentos nas infraestruturas e nas políticas sociais, caracteriza as fases mais dinâmicas dos países hoje desenvolvidos, incluindo aí a impressionante dinâmica da Coreia do Sul e da China; países que souberam direcionar os recursos financeiros para o investimento produtivo. E produtividade não se mede apenas nas unidades empresariais, e sim no funcionamento do conjunto.

A desestruturação das políticas públicas distributivas começou em 2013 com uma guerra política, manifestações amplamente promovidas, seguidas por boicotes em 2014 – como disseram, se Dilma ganhasse, não iria governar –, uma ofensiva generalizada dos bancos e rentistas que terminaria com o *impeachment*. Já a partir de 2014 os juros voltam a subir; em 2015 e 2016, temos profundas recessões e, de lá para cá, o país está paralisado. Vieram o "teto de gastos", a redução dos direitos trabalhistas, a fragilização da Previdência e outras medidas que favorecem os mais ricos e agravam a situação dos mais pobres, tudo em nome de reduzir o déficit.

O déficit do governo subiu de 111 bilhões em 2013, muito moderado, para 272 em 2014, 514 em 2015 e se mantém até hoje entre 400 e 500 bilhões. De onde vem essa explosão do déficit? O que o governo transfere para os bancos e outros aplicadores financeiros, causa principal do déficit, é entre 300 e 400 bilhões. Os novos governantes, que vieram em nome de reduzir o déficit, porque "a boa dona de casa só gasta o que tem", geraram o déficit. Em 2020, com a pandemia, deve explodir ainda muito mais. Drenaram o dinheiro e reduziram a capacidade de ação do Estado, em proveito das elites. É nesse quadro que temos de enfrentar uma das piores ameaças mundiais, o coronavírus.

A fragilização dos serviços de saúde

O coronavírus nos lembrou a todos, inclusive a muita gente das elites, de que o Estado é necessário. A conferência de imprensa com o ministro da Saúde e sua equipe, todos com coletes do SUS, é muito impressionante, num governo que aprofundou a destruição do sistema público de saúde iniciada com Temer. Os 47 milhões de pessoas que pagam planos de saúde descobrem uma evidência: o vírus não tem preferências, e a propagação mais acelerada do vírus entre pessoas pouco protegidas irá nos impactar a todos. Fazer uma ilha de saúde privada não resolve.

A lógica dos sistemas privatizados consiste em maximizar os retornos, não em maximizar a vida saudável. "Desde 1975, enquanto a população dos Estados Unidos aumentou de 216 para 331 milhões, o número total de leitos hospitalares caiu de 1,5 milhão para 925 mil. Esse declínio resultou da lei promulgada por Nixon em 1973 (*Health Maintenance Organization Act*), que permitiu a privatização dos serviços de saúde"

(TRUTHOUT, 2020). Um sistema privado não vai manter um hospital que pode ser importante para uma cidade menor, se não for rentável. A prioridade não é a segurança das pessoas, mas a rentabilidade. Hoje colocam leitos em estádios e até em igrejas, com dinheiro público.

O importante aqui é entender a lógica do sistema de saúde privatizado. No Canadá, onde a saúde é pública, gratuita e de acesso universal, o custo por pessoa é de 4.400 dólares por ano. Nos Estados Unidos, onde é em grande parte privatizada, é de 10.400 dólares, e o nível de saúde dos americanos está entre os últimos nos países desenvolvidos. A indústria da saúde se agigantou e representa hoje nos Estados Unidos 20% do PIB, acima da indústria e da agricultura. Em termos de eficiência, o sistema privado é incomparavelmente menos produtivo. O mesmo se constata comparando-se à Dinamarca, onde os serviços públicos de saúde representam 83% e a parte privada, apenas 17%; e à Suíça, que, com toda a sua riqueza, tem imensas dificuldades de equilibrar o sistema que depende 63% de serviços privados.

Empresas privadas de saúde, hoje cotadas, inclusive, em bolsa de valores e frequentemente internacionalizadas, tendem por natureza a buscar a maximização dos retornos, e isso significa que são fortemente orientadas para a dimensão curativa, com maximização de intervenções cirúrgicas, exames, venda de medicamentos. É o que se tem chamado de "indústria da doença". Não ter doentes para o sistema privado é não ter clientes. E a realidade é que as pessoas não têm opção, pois devem acatar as recomendações dos médicos, e raspam as gavetas, mas pagam. O Ipea, com CarlosOcké-Reis, mostrou que os planos de saúde aumentam as mensalidades muito acima da inflação. Em particular, aumentam as mensalidades dos idosos, que, ao se aposentarem, se vêm forçados a sair do plano quando começam a precisar dele. É um sistema extorsivo, que navega na insegurança das pessoas quanto ao que possa um dia acontecer. Grupos internacionais como United Health Group ou o CVS Health asseguram, inclusive, o dreno dos recursos destinados à saúde para especuladores financeiros internacionais. Estão entre as maiores corporações do mundo (*Outras Palavras*, 10/02/2020).

No Brasil, 75% da população depende exclusivamente do SUS, sempre apresentado de maneira negativa pela mídia comercial, que é em boa parte financiada por anúncios das corporações privadas. Em 2019, o financiamento do SUS foi reduzido em 20 bilhões. A fragilização do SUS tem como objetivo empurrar as pessoas para planos privados. Mas dependemos vitalmente da saúde pública para a generalização da vacina que tanto nos protege, da rede capilar existente em todos os bairros e que contribui para a saúde preventiva. O desastre que foi o desmonte parcial do SUS aparece hoje com força.

No essencial, onde funciona bem, a saúde é assegurada de maneira pública, gratuita e universal. Com a densidade demográfica atual, uma pessoa doente não poder se tratar é uma ameaça para todos. E a saúde vai muito além do tripé médico-hospital-farmácia. Um real investido em saneamento básico reduz em quatro reais os gastos com doenças. O tratamento da água e a limpeza dos rios são fundamentais. Controlar o que as empresas jogam nos cursos de água ou os agrotóxicos que contaminam os rios e os aquíferos; proibir o uso de antibióticos que hoje contaminam a carne que comemos; restringir o uso do plástico; arborizar as ruas; controlar as emissões dos veículos, são tantas ações empreendidas com sucesso em diversos países que mostram que se pode reduzir os custos e melhorar a saúde. Trata-se de construir um ambiente saudável. A transformação da saúde em produto comercial é um contrassenso que nos fragiliza muito ante a pandemia.

O caótico enfrentamento da pandemia

A pandemia literalmente desaba sobre nós, quando o nosso caos organizacional, que envolve as tragédias ambientais, a espantosa desigualdade e o desperdício de dezenas de trilhões de dólares nas mãos de parasitas já estavam paralisando o planeta. Ante um vírus que é menos letal, mas que se multiplica e transmite com uma velocidade que não conhecíamos, somos obrigados a adotar medidas de emergência e de curto prazo, mas também a pensar na reorganização do nosso comportamento no planeta.

No curto prazo as medidas são conhecidas. A expansão da pandemia constitui uma progressão geométrica: duas pessoas podem contaminar quatro, que por sua vez contaminam oito e assim por diante. Ou seja, o confinamento imediato e o isolamento do possível foco constitui uma medida drástica, mas eficiente, pois, a partir de determinado nível de alastramento, fica muito mais difícil testar milhões de possíveis transmissores. O confinamento radical como o que se viu na China, com o isolamento da cidade de Wuhan, permitiu um relativo travamento da expansão. No caso da Itália ou dos Estados Unidos, o que se constatou foi um negacionismo oportunista por parte do governo e a adoção de medidas mais sérias somente quando o alastramento já se tinha tornado pouco controlável. O custo humano e econômico que resulta é muito maior. Dizer que temos de optar entre proteger as pessoas ou proteger a economia é um contrassenso.

No nosso caso, beneficiamo-nos da observação do que se passou na China, na Itália e na Espanha. Todavia, atrasamos muito as medidas de urgência, pelo caos político que vive o governo federal, incapaz de organizar medidas coerentes, apresentando simultaneamente recomendações de isolamento e de retomar contatos e atividades; enquanto no nível de vários governos de estado e municípios, todos em situações financeiras precárias pelas políticas federais dos últimos anos, tenta-se organizar medidas minimamente coerentes. A prioridade é conter o vírus.

As medidas são conhecidas: como o vírus se transmite de maneira exponencial, é preciso isolar as pessoas, retardando a expansão. Para grande parte da população, que não possui reservas financeiras e, inclusive, perdeu o acesso à renda que tinha, isso envolve uma injeção imediata de recursos. O fato de existir a moeda eletrônica, e de as pessoas em geral disporem de cartões de crédito, além da existência do Cadastro Único desenvolvido na era do governo popular, permite a transferência rápida do dinheiro de emergência. Os ridículos 200 reais propostos pela presidência foram elevados para 600, por três meses, com até duas pessoas por família, e 1.200 reais no caso de mãe sozinha com filhos. Deve aliviar parcialmente a situação de cerca de 50 milhões de pessoas. O custo é da ordem de 100 bilhões. Isso facilita o isolamento de mais pessoas, mas não é viável para grande parte da população de baixa renda.

Um segundo eixo consiste em dar total apoio ao SUS, aos hospitais e a todo o sistema de saúde do país, prioridade absoluta em termos de suporte. É muito significativo que, neste momento de ameaça, o ministro da Saúde e sua equipe técnica tenham aparecido em conferência de imprensa todos de colete com "SUS" na lapela. Nada como um dia após o outro. Com o vírus se espraiando, deixar de atender a população mais vulnerável aumenta os riscos para todos, ainda que as classes média e alta tenham evidentemente mais condições de se isolar. O apoio envolve também a reconversão produtiva que permita produzir mais máscaras, respiradores, equipamento de proteção individual (EPIs), *kits* para testes, álcool gel e semelhantes. Tudo isso envolve capacidade de gestão de crise, respostas rápidas e articuladas. A nossa maior vulnerabilidade resulta em grande parte do caos político existente.

Um terceiro eixo consiste em organizar o apoio às atividades econômicas. Quando um comércio fecha as portas, é um ciclo econômico que se interrompe. Os trabalhadores do comércio ficam sem fonte de renda, e o comerciante não tem de onde tirar dinheiro para os salários. As empresas produtoras, por sua vez, não têm para quem vender e desempregam as pessoas. É importante entender que hoje o dinheiro consiste em sinais magnéticos, e o governo precisa injetar dinheiro no circuito para que possa funcionar pelo menos nas atividades essenciais. É o que se tem chamado de "injeção de liquidez", uma função do governo.

Essas medidas têm sido adotadas, mas de maneira caótica. O Congresso conseguiu que se elevasse o apoio às famílias de 200 para 600 reais, mas isso continua sendo muito pouco. É preciso lembrar que o Brasil tem 210 milhões de habitantes, dos quais cerca de 140 milhões de adultos e 105 milhões na chamada "força de trabalho". Nesta última, temos 41 milhões de trabalhadores no setor informal, pessoas que literalmente "se viram" com pouquíssimos direitos e sem enquadramento legal. Se somarmos os 41 milhões e os 13 milhões de desempregados, são 54 milhões de trabalhadores em situação crítica, praticamente a metade da nossa força de trabalho. Os empregos formais do setor privado são apenas 33 milhões, 31% da força de trabalho. Tudo isso antes do coronavírus.

Resumindo, a crise atinge as famílias em condições estruturalmente críticas, e sob um governo que, para favorecer os bancos e rentistas mais ricos, travou o SUS, reduziu a Previdência, limitou os direitos trabalhistas, desarticulou os sindicatos e aumentou o déficit pelo travamento geral da economia. Isso quando precisamos, mais do que nunca, da presença do Estado para assegurar uma política articulada e a transferência de recursos para os pontos críticos. O que se viu até agora é dinheiro a conta-gotas para as famílias, e mais de meio trilhão de reais para os bancos, por meio de compra dos chamados "títulos podres" dos bancos pelo Banco Central; um presente para a elite financeira que ainda aguarda, no momento que escrevemos, a aprovação final do Senado (parágrafo 10). Essa doação para os banqueiros exige a mudança da Constituição, pois, no quadro vigente, isso seria ilegal. Trata-se da PEC 10/2020, que libera essas operações, mas garante, significativamente, "os recursos vinculados ao pagamento da dívida pública" (parágrafo 6), ou seja, a manutenção da remuneração dos rentistas, que custou 310 bilhões de reais em 2019.

Aproveitar a pandemia para liberar mais dinheiro aos banqueiros é barbárie. Contudo, não é muito diferente do que foi adotado nos Estados Unidos pelo governo de Donald Trump, em que as famílias receberão 1.200 dólares em uma única transferência, enquanto três quartos do apoio irão para os bancos. Como sempre, e como se viu em particular na crise de 2008, o subentendido é que os bancos irão utilizar o dinheiro para aliviar a situação das empresas e das famílias; porém, que se vê, naturalmente, é que usam o dinheiro para tapar os seus próprios buracos, aumentar os bônus e os dividendos dos acionistas. O ponto-chave do processo é assegurar contrapartidas, como não aumentar bônus e dividendos, reduzir a taxa de juros, não despedir os empregados e atitudes semelhantes. Estamos longe disso. Na realidade, o nosso sistema bancário centralizado está há tempos instalado numa cultura de extração de riqueza por meio de juros elevados, e não tem nem cultura nem organização para voltar a uma política de fomento econômico.

No geral, todos agora se lembraram do Estado. Tanto proclamaram o Estado mínimo, a luta contra a corrupção, e agora são os primeiros a buscar a sua salvação no setor público, apropriando-se de recursos que provêm dos impostos que pagamos. E interessante o comentário de Noam Chomsky: "O governo não é a solução quando se trata do bem-estar da população, mas é claramente a solução para os problemas de riqueza privada e de poder corporativo" (TRUTHOUT, 2020). A nossa luta passa pelo resgate do papel do Estado.

Além do coronavírus

Como vimos, a pandemia veio apenas paralisar um sistema que já estava travado, e as alternativas já vinham sendo discutidas no quadro da Economia de Francisco, preconizada pelo Papa. Apresentamos aqui pontos essenciais de reorientação da forma como governamos as nossas sociedades, que resultam das discussões preparatórias para a Economia de Francisco, pouco antes do início da pandemia. O que muda não é a orientação geral, mas a urgência.

1) *Democracia econômica:* trata-se de resgatar a governança corporativa, sistemas transparentes de informação, e de gerar maior equilíbrio entre o Estado, as corporações e

as organizações da sociedade civil. Não haverá democracia política sem democracia econômica.

2) *Democracia participativa:* os processos decisórios sobre como definimos as nossas opções, como priorizamos o uso dos nossos recursos, não podem depender apenas de um voto a cada dois ou a cada quatro anos. Com sistemas adequados de informação, gestão descentralizada e ampla participação da sociedade civil organizada, precisamos alcançar outro nível de racionalidade na organização econômica e social. As novas tecnologias abrem imensos potenciais que se trata de explorar.

3) *Taxação dos fluxos financeiros:* essencial para assegurar a informação sobre os capitais especulativos e para que os recursos financeiros sirvam para financiar tanto a redução da desigualdade como para estimular processos produtivos sustentáveis. Na realidade, os sistemas tributários, no seu conjunto, devem servir ao maior equilíbrio distributivo e à produtividade maior dos recursos.

4) *Renda básica universal:* no quadro de uma visão geral de que algumas coisas não podem faltar a ninguém, uma forma simples e direta, em particular com as técnicas modernas de transferência, é assegurar um mínimo para cada família. Não se trata de custos, pois a dinamização do consumo simples na base da sociedade dinamiza a economia e gera o retorno correspondente.

5) *Políticas sociais de acesso universal, público e gratuito:* o acesso a saúde, educação, cultura, segurança, habitação e outros itens básicos de sobrevivência devem fazer parte das prioridades absolutas. Não se trata de custos, mas sim de investimentos nas pessoas, que dinamizam a produtividade e liberam recursos das famílias para outras formas de consumo.

6) *Desenvolvimento local integrado:* somos populações hoje essencialmente urbanizadas, e o essencial das políticas que asseguram o bem-estar da comunidade e o manejo sustentável dos recursos naturais deve ter raízes em cada município, construindo assim o equilíbrio econômico, social e ambiental na própria base da sociedade.

7) *Sistemas financeiros como serviço público:* o dinheiro que os sistemas financeiros manejam tem origem nas nossas poupanças e impostos, constituem recursos públicos e, nesse sentido, devem responder às necessidades do desenvolvimento sustentável. Bancos públicos, bancos comunitários, cooperativas de crédito e outras soluções, como moedas virtuais diversificadas, são essenciais para que nossas opções tenham os recursos correspondentes.

8) *Economia do conhecimento:* o conhecimento hoje constitui o principal fator de produção. Sendo imaterial, e indefinidamente reproduzível, pode gerar uma sociedade não só devidamente informada como também com

acesso universal e gratuito aos avanços tecnológicos de ponta. Temos de rever o conjunto das políticas de patentes, *copyrights*, *royalties* de diversos tipos que travam desnecessariamente o acesso aos avanços. O conhecimento é um fator de produção cujo uso, contrariamente aos bens materiais, não reduz o estoque.

9) *Democratização dos meios de comunicação:* os recentes avanços do populismo de direita e a erosão dos processos democráticos mostram a que ponto o oligopólio dos meios de comunicação gera deformações insustentáveis, climas de agravamento de divisões e aprofundamento de ódios e preconceitos. Uma sociedade informada é absolutamente essencial para o próprio funcionamento de uma economia a serviço do bem comum.

10) *Pedagogia da economia:* a economia consiste essencialmente em regras do jogo pactuadas pela sociedade ou impostas por grupos de interesse. A democracia econômica depende vitalmente da compreensão generalizada dos mecanismos e das regras. Os currículos obscuros e falsamente científicos têm de ser substituídos por ferramentas de análise do mundo econômico real, de maneira a formar gestores competentes de uma economia voltada para o bem comum.

CAPÍTULO II

O trabalho sob o impacto da Covid-19

Marcio Pochmann

Desde a década de 1990 que o Brasil vem estendendo no tempo a experiência do neoliberalismo enquanto forma de governança da sociedade. O novo estilo de governo que emergiu do exercício do poder político sobre todos os aspectos da vida humana, também conhecido por "biopolítica", opera com dificuldades, embora seus constrangimentos principais tornem-se mais agudos quando problemas multidimensionais se acentuam, como na crise global de 2008 e agora com a pandemia da Covid-19.

Nas ações governamentais voltadas ao enfrentamento de problemas de grande envergadura, a improvisação do "curto-prazismo" predomina, destoando da existência de planejamento estruturador da economia e da sociedade para o médio e longo prazo. Em 2008, por exemplo, o sucesso imediato obtido no

Brasil diante do avanço das ações governamentais impediu recessão imediata e prolongada, mas, a partir de 2011, com as medidas de contração governamentais impostas ao Estado, a economia perdeu fôlego e foi desacelerada até chegar à recessão, em 2015-2016.

Atualmente, o despreparo governamental para tratar da pandemia do coronavírus parece inegável. A ausência de coordenação nacional, as fragilidades internas na organização de ações e a dependência tecnológica e produtiva do exterior revelam como o "curtoprazismo" da governança neoliberal destoou do todo para salvar fundamentalmente os interesses específicos de ricos e poderosos.

Resumidamente, evidências profundas das carências em curso que resultam do já avançado projeto de regressão neo-colonial, associado ao exercício da biopolítica no Brasil. Após a submissão à condição de colônia de exploração no império português por mais de três séculos (1500-1822), a passagem pelo *status* político da independência nacional não se mostrou suficiente para o estabelecimento da almejada situação nacional da emancipação econômica e social.

Por mais um século, entre a prevalência da monarquia (1822-1889) e da República Velha (1889-1930), o país seguiu dependente do exterior, sem autonomia própria para definir internamente o seu projeto de nação. O sistema produtivo permaneceu descolado das necessidades da maior parte da população, voltado prioritariamente para o atendimento da demanda advinda de outros países, sobretudo dos ricos, que compravam produtos primários assentados no extrativismo mineral e vegetal e nos rendimentos de fome pagos aos trabalhadores.

Entre as décadas de 1930 e 1980, todavia, o Brasil conseguiu fincar as bases do seu projeto de nação, reivindicando a superação das condições de subdesenvolvimento, associada ao progresso de novas forças produtivas convergentes com a industrialização e a urbanização. Assim, a longeva e primitiva sociedade agrária foi ficando para trás ante o protagonismo da montagem do oitavo produto industrial do mundo, conectado com o mercado interno, constituído pela transformação da população agrária em urbana durante apenas cinco décadas.

Entretanto, a tomada da governança neoliberal desde 1990 impôs profunda e inegável inflexão na trajetória nacional. Com isso, a deliberada e precoce desindustrialização forçada pela inserção passiva e subordinada à globalização terminou por antecipar o ingresso rebaixado e antecipado na sociedade de serviços.

Assistiu-se, dessa forma, ao considerável deslocamento da força de trabalho, alocada anteriormente em atividades manufatureiras de alta produtividade e em desparecimento, para os serviços, em sua maioria de contido valor agregado e geralmente associado ao consumo de segmentos de maior renda (serviços pessoais e de distribuição). O resultado terminou sendo a constituição de verdadeiras multidões urbanas empobrecidas e crescentemente vulneráveis, dependentes de governos cujo poder político atuou sobre todos os aspectos da vida humana, inclusive pela presença ampliada de igrejas de novo tipo, milícias e crime organizado.

Nesse sentido, o trabalho seguiu central ao ser humano, sofrendo impactos dominantes da governança neoliberal sobre o papel do Estado, a empresa e o próprio indivíduo. Com as medidas de enfrentamento da infecção do coronavírus em pleno vigor, como o isolamento social, a parada temporária do sistema produtivo e a contração acentuada do rendimento da população, o exercício e as condições de trabalho ganharam maior relevo, em geral, tanto com a aceleração do teletrabalho e suas consequências quanto como isso ocorre onde tal alternativa ainda não é possível, sobretudo na base da pirâmide social. Sobre isso, aliás, as páginas a seguir buscam destacar: por um lado, as principais implicações do neoliberalismo no trabalho do brasileiro e, por outro, as possibilidades de sua superação a partir da contaminação da nação pela Covid-19.

Neoliberalismo e fragilidades do Brasil para resolver problemas do trabalho

O estabelecimento da ilegalidade para o trabalho forçado, após três séculos e meio de predominância no Brasil (1530-1888), não significou, necessariamente, o desaparecimento das formas de uso da mão de obra similares à escravidão, conforme atestam – ainda nos dias de hoje – as atuações de fiscais do trabalho. Mas certamente a abolição da escravatura descortinou o novo horizonte do trabalho humano sob o emprego do modo capitalista de produção e distribuição de renda, riqueza e poder.

Desde os abolicionistas, no último quartel do século 19, passando pelos tenentistas na década de 1930 e os democratas progressistas do segundo pós-guerra mundial, percebeu-se a existência de certa convergência política no compromisso de implantação da sociedade salarial. Em apenas cem anos (1889-1989), o trabalho sob o emprego capitalista, assentado no assalariamento, passou de ínfimo a majoritário, sem ser totalmente regular e regulamentado.

Desde 1990, contudo, a presença do emprego assalariado no total da força de trabalho passou a ser decrescente, salvo breves momentos de exceção. O avanço do desassalariamento do trabalho no Brasil esteve acompanhado da negatividade impulsionada pelo distanciamento do sistema de proteção social e trabalhista, refletindo direta e indiretamente a ascensão da biopolítica do neoliberalismo a impactar decisivamente os aspectos da vida humana (empresa, Estado e indivíduo).

Assim, a emergência da firma enxuta desde o final da década de 1970 extirpou as reminiscências do fordismo consagrado por empresas grandiosas a empregar assalariadamente verdadeiras massas de empregados. As novidades introduzidas na forma de produzir e distribuir bens e serviços (*just in time*, *outsourcing* e terceirização) estiveram contaminadas por tecnologias de informação e comunicação (TIC's), conectando gerências comprometidas com finanças especulativas e com ganhos de bônus e dividendos pelos acionistas. Para tanto, a ênfase em dominar o curto prazo e o foco na redução de custos de qualquer dimensão. Ou seja, a produção com a mais baixa remuneração possível da força de trabalho, submetida à crescente contratação precária, informal e não assalariada (autônomos, "por conta própria", consultores, falsas cooperativas e outras).

Para além da dimensão social e trabalhista, ganharam expressões as formas variadas do planejamento tributário para o não pagamento de impostos, taxas e contribuições por parte das empresas. Inclusive, com a troca das sedes das grandes empresas para países chamados "paraísos fiscais".

No caso ambiental, a situação se tornou mais perversa ainda. Isso porque ocorreu, sempre que possível, o deslocamento das plantas industriais de alto poder ambiental destrutível para os países de menor grau de regulação ambiental; além do uso generalizado da fraude, corrupção e escândalos empresariais nas regras de competição estabelecidas em diversos países.

Em termos estatais, ergueu-se a cartilha do Estado mínimo, cujo receituário neoliberal estabeleceu o Estado como o principal problema da sociedade. Assim, o ordenamento perseguido ao longo do tempo pela biopolítica privilegiou o sustento das funções estatais associadas à taxação concentrada nos segmentos de renda intermediária e da base da pirâmide social, liberando, assim, recursos de ricos e poderosos para o financiamento público, através do endividamento rentista.

Com isso, houve o aprofundamento da regressividade do sistema tributário, cuja ampliação de taxas e contribuições pesou mais na renda dos consumidores de bens e serviços básicos (alimentos, combustíveis, telefonia e outros), enquanto impostos sobre lucros e dividendos dos ricos foram eliminados;

ademais, seguiu oculta a tributação sobre a riqueza patrimonial e fortunas acumuladas. O mesmo Estado que aliviou ricos e poderosos do pagamento de impostos se tornou submisso a eles diante da oferta de títulos públicos com rentabilidade elevada, acima das obtidas na exploração das atividades produtivas, em troca da alocação das crescentes somas de riquezas financeiras para o financiamento do endividamento público.

Por outro lado, assistiu-se também ao "tranco" no gasto público, objetivando impor nova recomposição do papel estatal. Os constantes programas de ajustes fiscais cortaram investimentos públicos (produtivos, ciência e tecnologia, saúde e outros) e reduziram custeios que passaram a inibir o funcionamento dos inúmeros serviços públicos, desencadeando o desembarque de pobres e da classe média do orçamento governamental (desmonte de várias políticas públicas).

Preservaram-se, contudo, os gastos com pagamentos dos serviços do endividamento público ampliado, subsídios, isenções e desonerações fiscais a setores empresariais dominantes. Também certas categorias da administração pública buscaram se proteger, descolando suas remunerações e privilégios da pressão decorrente do aperto fiscal.

Da mesma forma, avançou consideravelmente a privatização do setor produtivo estatal, bem como a abertura das esferas públicas para o avanço do setor privado, como na educação, saúde, assistência social e outros. Tudo isso gradualmente foi modificando o papel do Estado, cada vez mais submetido à lógica mercantil e financeirizada do rentismo improdutivo.

Por fim, a centralidade do indivíduo perante as mudanças no padrão de sociabilidade e a nova percepção acerca da passagem do tempo. Isso porque a competição internalizada nas relações sociais invadiu a subjetividade humana, assumindo cada vez mais a perspectiva do inédito sujeito social, competitivo e empreendedor de si mesmo, descrente do Estado e das ações coletivas.

Nesse sentido, os serviços sociais coletivamente ofertados até então pelo Estado de forma não mercantil (descolados das dinâmicas de mercado) passaram a ser objeto de escolha racional dos indivíduos a consumir (previdência, educação, saúde, assistência) crescentemente no mercado. Ao indivíduo, na condição de investidor de si próprio, a concepção de portador de ativos comprados no mercado (planos privados de educação, saúde, previdência e outros) o diferenciaria de seus competidores, no sentido de atuarem mais agressivamente nos mercados de bens e serviços, sobretudo no de trabalho.

O desemprego, portanto, seria explicado pelas capacidades de competição individuais, bem como pelas ocupações precárias difundidas por relações sociais dominantes de produção. O risco embutido no tempo das escolhas e nos resultados alcançados serviu à naturalização da responsabilização dos indivíduos, testando crescentemente suas condições de adaptação à realidade em franca mutação.

O estresse, a melancolia, a apatia, entre outras características da depressão, terminaram por denunciar a condição humana sob permanente pressão competitiva e as frustrações seguidas da governança neoliberal da sociedade. A dependência química gerada pela busca do conforto na passagem do tempo entrou em disputa com a sociabilidade comandada por igrejas de novo tipo, milícias e crime organizado, sobretudo nas periferias dos grandes centros urbanos do país.

Em síntese, a lógica capitalista espalhou e contaminou a plenitude da perversidade nas relações sociais, bem como em todas as esferas da vida humana.

O neoliberalismo implementado desde 1990, sob a Era dos Fernandos (Collor, 1990-1992, e FHC, 1995-2002), e retomado pelos governos a partir de 2015, dominou não apenas a natureza econômica, como também invadiu praticamente todas as demais dimensões da vida humana. Assim, o Estado passou a estar cada vez mais comprometido e tornou-se incapaz de enfrentar decentemente situações graves na saúde pública, como no caso do avanço atual da pandemia do coronavírus.

Da mesma forma, a inexistência de coordenação nacional inibe ações integradas e articuladas ao propósito de responder efetivamente ao diagnóstico de problemas de grande envergadura. Sem o atendimento dos requisitos mínimos, como a realização da testagem em massa para registrar a presença e o avanço do coronavírus, não se consegue atender à garantia de renda aos trabalhadores e às condições de sobrevivência dos negócios e empreendimentos existentes.

Também o sistema produtivo liderado pela empresa submersa na lógica do "curtoprazismo", geralmente de capital estrangeiro, encontra-se paralisado, sem estoques e dependente da importação das cadeias globais de valor. Sem conseguir reagir autônoma e adequadamente, o setor privado, outrora reconhecido como o mais eficiente, passa a depender do Estado para sobreviver.

No caso do indivíduo comprometido com a centralização da liberdade de empreender, aparecem as dificuldades de submissão às regras impostas pelo isolamento social. Reagem ante a perda do trabalho imediato e da perspectiva competitiva comprometida, estranhando a necessária solidariedade e fraternidade numa sociedade desigualmente abatida pela pandemia da Covid-19.

Pandemia do coronavírus e as oportunidades de trabalho no Brasil

A atual situação da pandemia do coronavírus não é totalmente desconhecida dos brasileiros, pelos menos daqueles que viveram o final da década de 1920, quando a contaminação da gripe espanhola afetou gravemente a sociedade e a economia nacional. Em 1918, por exemplo, quando o PIB caiu 2% e a renda *per capita* decresceu 4%, aglomerações públicas foram proibidas, cinemas e teatros foram fechados e os deslocamentos até para os cemitérios foram impossibilitados, ante a ampliação da quantidade de mortos e a ausência de coveiros e caixões necessários; então, a exposição em vias públicas de corpos humanos em decomposição era comum, até serem despejados em valas coletivas.

Nas cidades, ao contrário de transportes públicos vazios e de escolas, comércio e fábricas fechados, as farmácias e os poucos hospitais existentes permaneciam abertos e repletos de contaminados desesperados. A população urbana era ínfima, uma vez que a maior parte dos brasileiros morava no campo, já submetidos naturalmente ao isolamento social.

Sem condições de atender decentemente a população, difundiu-se a lucrativa oferta de falsos remédios milagrosos, inclusive com a adoção do "chá da meia-noite" (envenenamento), para antecipar o fim de doentes em estado terminal e liberar escassos leitos nos locais superpovoados de contaminados necessitando do tratamento de saúde. Assim, a epidemia da gripe espanhola, que chegara do exterior por navio ao final da primeira Guerra Mundial, revelou um conjunto de gravíssimas deficiências do Brasil logo no começo do século 20.

Para além da saúde, a população à época estava ao deus-dará, sem hospitais, tratamento público, nem complexo industrial. A escassa ação do governo central era descoordenada, com algumas mobilizações pontuais de prefeitos e governadores, basicamente pela oferta tardia de alimentos e remédios escassamente distribuídos, bem como pela montagem de enfermarias de campanha em escolas, clubes e igrejas, e pela convocação de estudantes e médicos para missões de emergência.

Do que se sabe, a precariedade governamental para tratar de epidemias não se apresentou pontual ao longo do tempo. Isso porque, desde o desembarque dos portugueses aqui, o Brasil percorre inúmeras epidemias de grandes proporções.

Internamente, a devastação ambiental, começando originalmente pela Mata Atlântica para expansão dos canaviais, foi acompanhada pela difusão de mosquitos e pela proliferação de febres mortais.

Trazidas de fora, ocorreram diversas disseminações de enfermidades no país, em decorrência do fluxo de imigrantes de múltiplas origens (Europa, África, Ásia) e da inserção de animais de outras espécies (como vacas, galinhas, porcos). Destacam-se, por exemplo, varíola, malária, febre amarela, gripe espanhola, poliomielite, meningite, entre outras epidemias também devastadoras.

A tônica do passado foi a lentidão e a insuficiência de ações governamentais para com as populações de baixa renda, especialmente as residentes nas periferias acometidas por inúmeras mortes evitáveis. Em geral, os governantes pareciam estar mais preocupados com os impactos negativos na economia, sobretudo nos negócios dominantes, do que com os brasileiros afetados pela própria epidemia.

A inexistência de um sistema público de saúde dotado de recursos necessários, com órgãos de vigilância ambiental, epidemiológica e sanitária, contribuiu historicamente para o desleixo governamental, e também dos enriquecidos para com o conjunto da população. Com o Sistema Único de Saúde (SUS), constituído desde a Constituição Federal de 1988, o Brasil avançou e passou a dar, em novas bases, atenção à saúde pública complexa e diversificada para toda a população.

Logo no primeiro enfrentamento epidêmico da Aids, por exemplo, o SUS alcançou resultados exitosos. Também as ações de prevenção e cuidados elevaram a qualidade pública, sistêmica e integrada do acesso comum aos serviços de saúde e a exames, vacinas, equipamentos, insumos, ciência, pesquisa e tecnologia.

Contudo, essas circunstâncias, em termos de saúde pública no Brasil, encontram-se fortemente impactadas pela negatividade atual das políticas neoliberais. Sem a reversão integral disso, o desmonte do SUS prosseguirá, assim como das oportunidades de se retomar o sentido da constituição da sociedade salarial, reposicionando o papel do Estado, as funções da empresa privada e a centralidade da sociedade ao indivíduo; dessa forma, também se impedem as possibilidades de se restaurar a centralidade da reindustrialização no país e de reestabelecer outra forma de participação nas cadeias globais de valor. Mas isso requer uma nova maioria política que civilizadamente pudesse antepor-se ao curso de ricos e poderosos conduzirem o projeto de regressão neocolonial.

A divisão interna hoje estabelecida entre a defesa civilizatória e o avanço da barbárie oferece grandiosa capacidade para um novo caminho ao trabalho decente no Brasil. Haveria, contudo, lideranças com estatura necessária para a compreensão histórica e o desencadeamento da urgente conversão da esperança da maioria em horizonte concreto, que permita a materialização de um país melhor ao conjunto da população?

CAPÍTULO III

Políticas públicas em situações sociais críticas: considerações a partir da pandemia do coronavírus

Vera Lucia Ferreira Mendes
Luiz Augusto de Paula Souza

Falar em políticas públicas supõe, claro, alguma concepção de Estado, ao menos uma delimitação dos papéis que lhe cabem. Uma boa síntese da função do Estado Moderno foi traçada por Pierre Bourdieu, no texto *Raisons pratiques: sur la théorie de l'action*. Ele define o Estado Moderno pela tensão entre o que chamou de "mão direita" e "mão esquerda". A primeira é aquela que, entre outras funções, controla e concentra a força física, a vigilância da classe trabalhadora, a fiscalização das atividades sociais e econômicas, e a garantia da ação desenvolta do mercado.

Por sua vez, a "mão esquerda" é a da redistribuição de riquezas, das políticas sociais, dos direitos civis etc. No caso brasileiro, a "mão direita" do Estado sempre predominou amplamente sobre a "mão esquerda", com exceção talvez de alguns poucos e curtos períodos. A desigualdade, que é, certamente, a maior e a mais escandalosa mazela estrutural brasileira, mantendo a atualidade, inclusive, do espírito escravocrata e machista de nossa sociedade, continua como questão urgente, inclusive para se conquistar e estruturar políticas públicas, de fato, capazes de mitigar e, radicalmente, colocar em cheque as várias desigualdades (econômicas, políticas, raciais, de gênero etc.) que constituem a profunda desigualdade social do país.

Helena Chaves e Vitória Gehlen, no artigo "Estado, políticas sociais e direitos sociais: descompasso do tempo atual", publicado em 2019, afirmam que a desigualdade e a pobreza

> continuam sendo uma realidade persistente, subsistindo mesmo nos períodos de expansão econômica, dando origem ao descontentamento social e à falta de legitimidade das instituições. As consequências perversas desse modo de vida e produção se reproduzem com muita intensidade, aprofundando as fraturas no tecido social, ampliando em volume e em profundidade as desigualdades engendradas e apontando a impossibilidade de humanização da existência social sob o regime de acumulação vigente imposto.

Depois de um período de pouco mais de uma década de governos populares no Brasil (2003-2014), mesmo com avanços não negligenciáveis em termos de redistribuição de renda, de respeito aos direitos humanos e de criação e incremento de políticas públicas voltadas a camadas populares e a grupos mais vulneráveis, a estrutura da desigualdade manteve-se. Além disso, o país, assim como o mundo em geral e a América Latina em particular, passa por uma forte reação do capitalismo neoliberal, associada a uma inflexão conservadora de proporções inéditas; o que delineia, em nosso país, a partir de 2015-2016, um período regressivo em termos de políticas públicas e de condições de vida e trabalho da maioria da população.

É sob a reação neoliberal e a inflexão conservadora que o Brasil é atingido pela pandemia da Covid-19. A crise sanitária que estamos vivendo, que, em situação menos anômala, já seria um fato social de extrema gravidade, nas condições atuais ganha contornos dramáticos, que evidenciam total aturdimento diante de mais um rompimento abrupto de rotinas, vínculos, modos de viver e de circular socialmente. Na verdade, uma experiência desse porte acelera, de modo repentino e avassalador, o colapso das formas de organizar a vida política, econômica e social, que, como referido, já apresentavam sinais preocupantes de regressão.

A atual ameaça à saúde e à vida, assim como é capaz de mostrar o tamanho das fragilidades sociais no Brasil e no mundo, torna também possível considerar que tais fragilidades são efeitos do neoliberalismo econômico: aumento significativo da pobreza, precarização acelerada do trabalho, ampliação do desemprego e da informalidade, ainda maior concentração de riquezas após a crise financeira de 2008 e consequente degradação das políticas sociais e do chamado "estado de bem-estar social".

Se isso é verdade para vários países do mundo, no Brasil o cenário é particularmente delicado, uma vez que os gastos sociais foram congelados, em dezembro de 2016, por vinte anos, via emenda constitucional (EC 95), e o governo eleito em 2018 dá sequência ao desmonte das políticas de proteção social iniciado após um processo de *impeachment*, nada convincente, contra a então presidente da República, Dilma Rousseff, reeleita em 2014, já no seio de um cenário político, institucional e econômico bastante instável.

A instabilidade institucional, política e econômica, que começa a ficar visível a partir de meados de 2013 (terceiro ano do primeiro mandato da presidente Dilma Rousseff), gradativamente gerou a atmosfera e os pretextos necessários à reação neoliberal na economia e conservadora nos costumes, patrocinada: pela própria vice-presidência da República, que iria ascender ao poder em 2016; por grande parte do Congresso Nacional, cuja representação é historicamente majoritária nos setores conservadores ligados ao grande capital nacional (agronegócio, sistema financeiro, grandes empresas, bancada religiosa – sobretudo evangélica – e bancada de policiais e militares da reserva, financiados pela indústria armamentista); por setores do sistema de justiça (judiciário e ministério público, especialmente a Operação Lava-Jato); pelo sistema financeiro; pelo enfraquecido empresariado industrial; e pela mídia corporativa, que fez campanha massiva contra o governo deposto e alijou completamente os setores progressistas e antineoliberais dos meios de comunicação.

Esse contexto, quando se associa ao impacto sanitário, econômico e político da pandemia da Covid-19, faz ver, rapidamente e sem filtros, o tamanho da confusão em que o Brasil se encontra. É verdade que o problema é mundial, mas também é fato que afeta o Brasil em um momento de extrema fragilidade política e institucional.

Pode-se dizer que a grande ameaça ao mundo é a própria ação humana, acelerada fortemente, como referido, pela globalização neoliberal, que fez se aproximar a catástrofe climática, precipitou as crises econômicas e políticas recentes e também os choques epidêmicos, agora de maior envergadura com a pandemia da Covid-19. O sociólogo francês Bruno Latour, em referência às atuais perturbações, diz, com razão, que "o sentimento de perder o mundo, agora, é coletivo".

Os modos de enfrentar tal feixe de mal-estar contemporâneo fará toda diferença na criação de alternativas ao atual estado de coisas. Portanto, de maneira urgente, a questão parece ser a de pensar quais mudanças, no Estado e nas políticas públicas, poderão nascer a partir daí, na direção de evitar as destruições (em curso) das condições de vida das populações, sobretudo as mais pobres. Mas, para tanto, será necessário entender quais campos de disputas estarão presentes e ter alguma clareza sobre como se posicionar em relação a eles. Em outras palavras, depois que a "poeira baixar", iremos reproduzir esse mundo nos termos já dados, mas em bases políticas econômicas e sociais bem piores? Ou vamos agir coletivamente para começar a inventar, efetivamente, outro mundo?

Suely Rolnik, em *Esferas da insurreição: notas para uma vida não cafetinada*, dá algumas pistas sobre uma luta necessária para se criar condições objetivas à reinvenção do mundo tal como o conhecemos. Para ela, há dois tipos de violência inerente ao regime colonial-capitalista, que caracteriza a estratégia do capitalismo neoliberal: a violência na esfera micropolítica, caracterizada pelo "abuso da vida – não só dos humanos, mas de todos os elementos que compõem a biosfera; e a violência na esfera macropolítica, caracterizada pela desigualdade de direitos – os quais implicam, em diferentes graus, o próprio direito de existir". Rolnik alerta que,

> diante desta dupla violência [...], torna-se inadiável articularmos dois tipos de resistência: a resistência programática das consciências, cujo objetivo é ampliar a igualdade de direitos (insurreição macropolítica), e a resistência pulsional dos inconscientes, cujo objetivo é liberar a vida de sua expropriação perversa, esta operação de parasitagem que dá ao regime sua consistência existencial (insurreição micropolítica). A insurreição micropolítica é, nela mesma, uma ressurreição da potência vital em seu destino ético. Sem esta reapropriação da vida é impossível lograr uma transformação efetiva do atual estado de coisas.

Se for assim, estamos diante de um curioso desafio também às políticas públicas, sobretudo se elas forem entendidas como projetos do Estado que se instituem como campo de negociação e pactuação dos modos de cuidar do bem coletivo, do bem comum, a ponto de ser possível produzir programas, ações e sistemas que respondam, simultaneamente, às necessidades de ampliar os direitos da população e à construção de vínculos e conexões sociais em favor da reapropriação da vida, de maneira diferente daquela que produz, mantém e intensifica a desigualdade, limitando a liberdade para que as diferenças e a pluralidade de ideias, desejos e projetos de futuro possam voltar a vicejar: uma vida não cafetinada.

Na prática, esse duplo e simultâneo movimento de mudança, micro e macropolítico, nas políticas públicas brasileiras significaria, ao menos, a radicalização dos direitos sociais em termos de distribuição de renda, geração de empregos, seguridade social, educação, ciência e tecnologia, segurança pública, meio ambiente e direitos humanos. Tudo muito difícil de tornar realidade, mas uma pauta importante na luta por um mundo não cafetinado. Vejamos alguns exemplos.

Na seguridade social, composta de áreas de saúde, assistência social e previdência, tratar-se-ia de reverter a lógica neoliberal, hoje predominante, em direção à efetuação de direitos já previstos na Constituição Federal de 1988.

Na saúde, o Sistema Único de Saúde (SUS), que é uma conquista social absolutamente relevante em um país tão conservador quanto o Brasil, embora configure nossa única política de Estado (inscrita na Constituição Federal de 1988) e formalmente garanta a saúde como direito, sempre enfrentou entraves em sua implementação; entraves que, em nível macropolítico, precisariam ser superados com agilidade: subfinanciamento crônico; limites e falhas do mercado na produção e distribuição de bens e serviços de saúde; limitações de capacidade técnica da gestão nacional, regional e local do SUS etc.

Do ponto de vista micropolítico, seria necessário pensar o processo de saúde/doença não só de modo não predominantemente biomédico ou apenas pela sua dimensão técnica, como também incorporar o sentido multivariado das determinações sociais, políticas, econômicas e subjetivas da saúde. Isso implicaria, por exemplo, assumir a equidade como estratégia para acolher diferenças e enfrentar desigualdades, e relações de cuidado humanizadas e compartilhadas entre gestores, profissionais e usuários dos serviços de saúde. Se conseguirmos avançar nessas e em outras dimensões macro e micropolíticas da saúde, certamente estaremos em condições muito melhores para enfrentar também os choques epidêmicos.

Na assistência social, entre outros objetivos, é urgente resgatar o combate à fome e à pobreza, com políticas adequadas de segurança alimentar e de renda básica, não apenas para conseguir diminuir os danos que a travessia da atual pandemia já impõem, como também para gerar alguma possibilidade de futuro às camadas mais pobres da população brasileira.

A previdência é, claro, um capítulo à parte. Acabamos de passar por uma reforma previdenciária perversa que, a pretexto de combater privilégios, em verdade lançou na conta dos trabalhadores (a grande maioria deles com futuras aposentadorias de um a dois salários mínimos) cerca de 80% de seus custos. Aqui a questão seria a revogação pura e simples da previdência vigente e a construção de uma reforma, de fato, capaz de combater privilégios e de dar dignidade à existência após toda uma vida de trabalho. Isto será possível? Pouco provável, mas é o que precisa ser feito, caso se queira um estado de direito que mereça esse nome.

A distribuição de renda e a geração de emprego supõem um conjunto de políticas públicas concertadas, que passem pela transformação do sistema tributário brasileiro de regressivo a progressivo, capaz de tributar adequadamente o rentismo, o acúmulo de propriedade, os lucros, dividendos e as grandes fortunas; para assim ser possível, inclusive, desonerar o consumo (não o consumo de luxo ou sem função social) e a produção que gere emprego e riqueza socialmente compartilhada. Ao lado de uma reforma tributária progressiva, políticas de infraestrutura, indústria, formalização do trabalho, tecnologia e inovação, entre várias outras, criariam mecanismos para se fazer bom uso social da arrecadação tributária nessas áreas. De novo, isso é possível? Certamente é um horizonte social e de emancipação do país pelo qual vale lutar.

Na educação, um bom começo, mas apenas um começo, seria resgatar o Plano Nacional de Educação, na condição de dispositivo socialmente discutido e pactuado, ou seja, como instrumento democrático a ser atualizado e aprofundado em seus objetivos e metas, dando-lhe prioridade real e financiamento efetivo e suficiente. Claro que esse singelo gesto de retomada seria também um basta ao reacionarismo excludente das aberrações que hoje se apresentam, como se fossem propostas educacionais. O projeto cinicamente chamado de "escola sem partido" é talvez o exemplo mais eloquente dessas distorções.

Na ciência e na tecnologia, também seria necessário começar por reconstruir o que foi destruído nos últimos anos em termos de financiamento, indução e incentivo ao desenvolvimento científico, tecnológico e da inovação. Depois disso, um abrangente projeto nacional, amplamente discutido pelas três esferas de governo, instituições de Estado, sociedade, instituições de pesquisa e acadêmicas etc., precisará ser criado e implementado, caso não se queira continuar sob o domínio neocolonial ao qual estamos submetidos. As políticas de defesa, aliás, deveriam ser transversais e integradas também às políticas de CT&I.

É urgente construir uma política ambiental responsável, que aponte na direção de cessar o desmatamento, que construa a transição para energias limpas e renováveis, que priorize a proteção e os direitos dos indígenas e dos povos das águas e da floresta, incorporando seus saberes e práticas para o manejo sustentável da agricultura, da atividade agrária etc. Uma política para o meio ambiente deveria incorporar também o meio ambiente das cidades e das grandes aglomerações urbanas, encarando de maneira orgânica e interdependente os ambientes naturais e sociais, de modo a construir cuidados integrados e valores compartilhados em todas as dimensões desse universo de questões.

Por fim, no campo dos direitos humanos, o combate ao racismo estrutural, à homofobia, à heteronormatividade, às violências contra os povos indígenas e as populações periféricas, às discriminações de classe e às diferenças ditas identitárias (pessoas com deficiência, por exemplo), é urgente e deve ser prioritário, a fim de resgatar parâmetros mínimos de civilização e de convivência democrática e pluralista, fortemente abalados nos últimos anos.

Estes brevíssimos apontamentos não chegam a configurar uma agenda, nem mesmo uma súmula de propostas de políticas públicas para fazer frente à crise que estamos vivendo. Trata-se apenas de registros que traçam uma linha de princípios ético-políticos a serem considerados diante da urgência de refletir sobre o cenário atual. Posição ético-política que, a nosso ver, precisa ser acalentada, se quisermos fazer da tragédia precipitada pela pandemia do coronavírus uma oportunidade para produzir políticas públicas em defesa da vida em todas as suas latitudes. Enfim, políticas públicas que ajudem, como diz Suely Rolnik, a "reimaginar o mundo em cada gesto, palavra, relação com o outro (humano e não humano), modo de existir – toda vez que a vida assim o exigir".

CAPÍTULO IV

Desigualdades socioespaciais e pandemia: impactos metropolitanos da Covid-19

Lucia Maria Machado Bógus
Luís Felipe Aires Magalhães

Este artigo tem como objetivo analisar alguns impactos das desigualdades urbanas presentes em Regiões Metropolitanas brasileiras, com destaque para a Região Metropolitana de São Paulo (RMSP), sobre as condições de expansão e enfrentamento da pandemia do coronavírus (Covid-19), que alteraram as formas de convívio social e o funcionamento de nossa sociedade, marcada por profundas desigualdades socioespaciais e por nichos de extrema pobreza.

Pretende também apontar como a expansão dos diferentes municípios que compõem a área metropolitana de São Paulo produziu, a um só tempo, processos de segregação socioespacial e formas de sociabilidade marcadas por conflitos na disputa pelo espaço nas cidades. Nas periferias desses municípios, a exemplo do que ocorreu no município de São Paulo, formaram-se núcleos de favelas e loteamentos irregulares, com habitações precárias, sem saneamento e muito congestionadas, em condições adversas ao isolamento social e a outras medidas de combate à pandemia que hoje enfrentamos. Além disso, os baixos níveis de escolaridade dificultam a compreensão da real gravidade da doença por uma parcela da população, exposta cotidianamente a riscos dos mais variados tipos e que adota, muitas vezes, uma atitude de incredulidade e conformismo, entregando à própria sorte a possibilidade de escapar à contaminação, ante a insuficiência ou mesmo ausência de serviços de saúde.

Nesse contexto, para refletir sobre o impacto da pandemia da Covid-19 nos espaços metropolitanos – bem como sobre os impactos da diversidade desses espaços sobre as formas de enfrentamento e combate da doença –, será preciso olhar para a cidade e analisar a forma desigual como ela foi e ainda é, cotidianamente, produzida e vivenciada. Explicar teoricamente as desigualdades urbanas supõe uma análise do próprio processo de segregação socioespacial pois, como afirmou Flávio Villaça no livro *Reflexões sobre as cidades brasileiras*, de 2012, o entendimento dos distintos aspectos que compõem a cidade passa pelo conhecimento da segregação, tanto econômica como social, que caracteriza nossas cidades e Regiões Metropolitanas.

Para o estudo das desigualdades socioespaciais, utilizaremos aqui, como recurso metodológico, o Índice de Bem-Estar Urbano, o IBEU – elaborado por pesquisadores do INCT

Observatório das Metrópoles, com dados do censo demográfico de 2010. Esse índice objetiva analisar a forma desigual com que grupos sociais residentes nas quinze maiores metrópoles brasileiras – e nos municípios que as compõem – usufruem de recursos coletivos urbanos. Trata-se, portanto, de indicador das desigualdades sociais urbanas e do acesso desigual aos recursos disponíveis nas cidades, capaz de expressar não apenas as enormes diversidades urbanas, como também apontar a fragmentação e a ruptura do tecido socioespacial. Segundo Marcelo Gomes Ribeiro, em artigo de 2016 sobre "Desigualdades urbanas e desigualdades sociais nas metrópoles brasileiras", são as condições de reprodução social que definem o nível do bem-estar urbano, ainda que por meio de situações práticas e experiências individuais.

O IBEU foi construído para analisar os quinze mais importantes aglomerados urbanos do país, que "exercem funções de direção, comando e coordenação dos fluxos econômicos" em suas respectivas regiões. São eles: São Paulo – SP, Rio de Janeiro – RJ, Brasília – DF, Belo Horizonte – MG, Curitiba – PR, Porto Alegre – RS, Salvador – BA, Recife – PE, Fortaleza – CE, Manaus – AM, Belém – PA, Goiânia – GO, Campinas – SP, Florianópolis – SC e Grande Vitória – ES. Tal índice foi calculado com base nesses grandes aglomerados, tendo em vista cinco dimensões, construídas com base em informações censitárias, a saber:

- Mobilidade urbana – considera o tempo de deslocamento da casa ao trabalho;

- Condições ambientais urbanas – constituídas pela arborização do entorno e pelas condições sanitárias, localizando as áreas precárias, com esgoto a céu aberto e lixo acumulado;
- Condições habitacionais urbanas – indicam a presença de habitações precárias, a densidade domiciliar, as condições sanitárias e o material de revestimento das habitações;
- Presença de serviços coletivos urbanos – considera o fornecimento de água e energia elétrica, coleta de lixo e esgotamento sanitário;
- Infraestrutura urbana – considera as condições do entorno dos domicílios e a oferta de iluminação pública, pavimentação, calçada, acesso para cadeirantes e logradouros.

Tais dimensões permitem aferir o índice de bem-estar urbano nas metrópoles, avaliar o grau de inclusão ou exclusão da população nelas residente e identificar os espaços de segregação da riqueza e da pobreza, bem como as condições e o grau de apropriação, por grupos sociais específicos, dos recursos coletivos urbanos. São especialmente úteis para avaliar os riscos presentes em determinadas áreas do tecido metropolitano e as possibilidades de enfrentamento das situações de vulnerabilidade por aqueles que ali residem, na medida em que a segregação e até o relativo isolamento de áreas pobres, pela ruptura do tecido social urbano, dificultam o acesso aos serviços de saúde e de assistência social. Em relação à Covid-19, a inexistência de postos de atendimento nas áreas precárias, sobretudo aquelas distantes das regiões centrais, pode levar ao agravamento das condições de contágio. Outro fator agravante é que grande parte dos moradores dessas regiões trabalha em ocupações manuais, pouco qualificadas e que impedem a adoção do *home office*, o que também dificulta o isolamento social e aumenta o nível de exposição ao vírus.

É importante frisar que o Índice de Bem-Estar Urbano (IBEU) reflete as desigualdades urbanas no que se refere ao acesso aos recursos coletivos indispensáveis à vida na cidade. As dimensões do IBEU podem ser, por sua vez, agrupadas em cinco níveis, permitindo classificar os municípios metropolitanos em áreas que apresentam: muito alto bem-estar urbano, alto bem-estar urbano, médio bem-estar urbano, baixo bem-estar urbano e muito baixo bem-estar urbano.

A Tabela 1 aponta que a proporção da população residente nas quinze principais metrópoles brasileiras, em municípios classificados segundo níveis de bem-estar urbano, é de respectivamente 8,6% (nível muito alto), 32,2% (nível alto), 35,5% (nível médio), 22,6% (nível baixo) e 1,1% (nível muito baixo). Quando se reúnem os últimos dois grupos, conclui-se que cerca de um quarto das pessoas ainda vive em condições precárias nas principais Regiões Metropolitanas do país. No escopo das quinze principais metrópoles analisadas, a região metropolitana de São Paulo (RMSP) ocupa uma posição intermediária. A Tabela 1 apresenta, também, a proporção da população residente na RMSP segundo os níveis de IBEU, tendo em vista suas especificidades, por ser a maior região metropolitana do país. Em relação ao conjunto das quinze metrópoles, observa-se maior concentração da população dessa região nos níveis de IBEU alto e médio. Por outro lado, há na RMSP uma menor proporção de população residindo tanto em municípios com nível muito alto como nos níveis baixo e muito baixo, consideradas as cinco dimensões do IBEU explicitadas anteriormente e que indicam diferentes condições de acesso aos serviços coletivos urbanos.

Tabela 1 – População residente nas quinze principais Regiões Metropolitanas brasileiras e na Região Metropolitana de São Paulo (RMSP), segundo níveis de bem-estar urbano (IBEU) em 2010

NÍVEIS DO IBEU	% da população residente nas quinze Regiões Metropolitanas Brasileiras	% da população residente na RMSP
Muito alto	8,6	5,8
Alto	32,2	40
Médio	35,5	41,1
Baixo	22,6	12,6
Muito baixo	1,1	0,5
Total	**100**	**100**

Fonte: RIBEIRO, M., 2016, publicado no artigo "Desigualdades de bem-estar urbano nas metrópoles brasileiras", com base em dados do Censo Demográfico de 2010.

A maior concentração relativa da população residente em áreas da RMSP com melhores níveis de bem-estar urbano, em comparação à média das outras metrópoles brasileiras, não significa que não haja desigualdade de acesso aos recursos coletivos urbanos em São Paulo. Não obstante a RMSP situar-se em uma posição intermediária de IBEU dentre as quinze metrópoles analisadas, sobretudo devido à predominância do nível "médio", chama a atenção que 13,1% da população da metrópole paulista situe-se em situação inadequada de acesso aos recursos coletivos urbanos, residindo em municípios classificados nos níveis de bem-estar urbano baixo e muito baixo. Esse percentual, que representava 2.582.552 pessoas em 2010, refere-se hoje a 2.847.243 pessoas que não possuem o acesso adequado aos serviços urbanos coletivos, como transporte público de boa qualidade, condições sanitárias e ambientais, além de outros serviços urbanos essenciais à garantia da mobilidade, da saúde, do lazer e do exercício pleno da cidadania. Assim, apesar das enormes diferenças existentes entre as metrópoles brasileiras, há em todas elas territórios e grupos populacionais com benefícios urbanos que lhes asseguram bem-estar, mas que outros grupos, pobres e vulneráveis, não conseguem acessar.

Com relação às condições de vulnerabilidade da população de baixa renda, o enfrentamento da insegurança no bem-estar dependerá dos recursos que as pessoas tenham condições de mobilizar, tanto para enfrentar eventuais crises como para buscar oportunidades em processos de resistência ante os efeitos negativos de mudanças que afetem sua existência e agravem suas condições de vida.

No caso das metrópoles brasileiras em pauta, a análise dos grupos sociais que têm acesso aos recursos e benefícios urbanos revela não apenas predominância de pessoas com nível de ensino superior, como também de população ocupada com maior rendimento médio mensal e, ainda, de população de cor branca. Considerando o conjunto das quinze metrópoles, a população branca representava, em 2010, data do último censo demográfico, 78,9% de toda a população residente em áreas com índice de bem-estar muito alto e 26,2% dos residentes em áreas com bem-estar muito baixo. Conforme demonstram vários estudos, a cor da pele é um mecanismo que permite o acesso aos recursos urbanos, de forma que as desigualdades socioespaciais urbanas são, também, desigualdades raciais, e o acesso ao bem-estar urbano pode ser entendido como produto dessas desigualdades, cujo caráter é estrutural na sociedade brasileira. E o acesso aos serviços de saúde e de assistência social não escapam dessa lógica.

No caso da Região Metropolitana de São Paulo, é possível indicar, por meio do índice de bem-estar urbano, a forma pela qual essa região aprofundou, nos últimos anos, sua segregação socioespacial, relacionando esse fenômeno às transformações urbanas recentes. Dentre essas transformações destacam-se o processo de reconversão econômica – com a substituição de atividades industriais por serviços, tanto formais de baixa qualificação como aqueles ligados ao setor informal da economia –, a deterioração das áreas centrais, sobretudo no caso do município-sede, e a presença, nessas áreas deterioradas, de um novo perfil de moradores, marcado por grande vulnerabilidade: os imigrantes internacionais. Esses imigrantes chegaram ao longo dos últimos dez anos, para viver e trabalhar em São Paulo, inserindo-se, geralmente, em atividades laborais precárias e mal remuneradas. Expressão disso é a morte recente, pela Covid-19, de dois imigrantes bolivianos, trabalhadores de oficinas de costura no município de Guarulhos, ilustrando a situação de segregação e exclusão em que vive esse grupo de trabalhadores, com pouco acesso aos meios de comunicação e que, segundo divulgado pelos órgãos de imprensa, deixaram de procurar atendimento médico por desconhecerem os sintomas da doença.

Partimos aqui do suposto de que o IBEU será um indicador muito útil para avaliar os riscos socioespaciais da expansão da Covid-19, de acordo com as condições diferenciais de bem-estar urbano nas Regiões Metropolitanas estudadas, que poderão servir como *proxy* para as demais metrópoles brasileiras e para outras cidades não metropolitanas, com padrões semelhantes em termos de estruturação urbana, segregação e condições de vida.

A vinculação do processo de segregação socioespacial às transformações urbanas recentes, incluindo alterações nas dinâmicas demográficas e econômicas, demonstra, também, a natureza estrutural do processo de fragmentação do espaço urbano, onde o aumento da pobreza e a exclusão social favorecem a expansão da pandemia. De fato, não obstante a doença Covid-19 tenha se manifestado primeiro nas áreas centrais das sedes metropolitanas, cujos moradores possuem melhores condições de vida e maiores contatos com o exterior, ela atingiu rapidamente as áreas pobres e muito precárias, tanto nas periferias distantes como nos enclaves centrais de cortiços e favelas, onde seus efeitos tendem a ser devastadores. No caso do município de São Paulo, a expansão da Covid-19 é ilustrativa desse processo, conforme demonstra a figura abaixo, com base nas áreas servidas pelo Metrô/CPTM.

Figura 1 – A expansão da Covid-19 para as zonas Leste e Norte da cidade de São Paulo (2020)
Fonte: revista piauí.folha.uol, 10/4/2020.

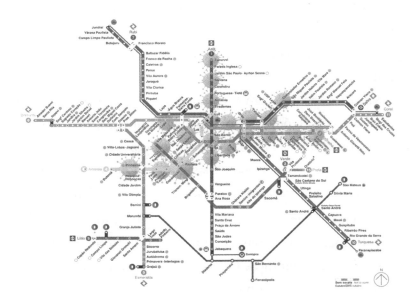

A expansão da Covid-19 para as áreas periféricas da cidade de São Paulo aponta para a importância de implementar a prática do isolamento social como estratégia de contenção do vírus e de preservação da rede de assistência médica, que é mais precária e insuficiente justamente nessas regiões da cidade. Se nas áreas centrais, onde reside a população de maior renda, os idosos são o grupo de risco, nos bairros distantes do centro e com maior vulnerabilidade, o risco abrange um grupo etário diversificado, com registro de casos e, inclusive, de mortes em faixas etárias mais jovens. Segundo reportagem de Amanda Rossi, "Do Einstein para o SUS: a rota letal da Covid-19", publicada no portal de notícias UOL, em 10 de abril, a doença percorre um trajeto urbano iniciado nas áreas mais ricas, nos hospitais particulares, deslocando-se rapidamente para a periferia, especialmente para as zonas Leste e Norte da cidade de São Paulo; regiões com grande densidade populacional e transporte público superlotado. Passa a pressionar, com isso, o sistema público de saúde e os leitos do SUS. Embora seja uma tendência já esperada, as autoridades tentaram postergar ao máximo essa migração da Covid-19; todavia, já na primeira semana de abril, mais de um terço dos óbitos ocorreu na periferia do município de São Paulo.

Como consequência, progressivamente, a rede pública de assistência médica vem se sobrecarregando, com impactos importantes na elevação da letalidade da doença, dada a escassez dos equipamentos de proteção individual. Ainda de acordo com Rossi, o Hospital Albert Einstein, no qual ocorreu a primeira internação pela Covid-19 na cidade de São Paulo, tem número de internações estável, e o hospital Sírio Libanês apresentou redução nas internações. Já o Hospital Santa

Marcelina de Itaquera, instituição filantrópica situada na zona Leste da capital paulista, teve um crescimento expressivo do número de internações, que saltaram de 88 para 127, até o dia 6 de abril de 2020.

Embora ainda apresente número menor de registros de morte, a periferia, pelas condições já expostas aqui, possui uma taxa superior de crescimento dos óbitos, apontando uma dramática tendência de se converter em lócus de concentração da Covid-19 na cidade de São Paulo. Segundo o Centro de Vigilância Epidemiológica do Estado de São Paulo, órgão que mapeia todos os casos e óbitos pela Covid-19, no segundo dia do mês de abril, todas as regiões da cidade de São Paulo já tinham casos da doença, embora ainda houvesse concentração das ocorrências nos distritos do chamado "centro expandido". Nos dias que se seguiram, o crescimento do número de óbitos foi uma tendência geral, mas mais intensa nas zonas Leste e Norte do que nas outras regiões da capital paulista.

Em todos os estados do Brasil, são as capitais que apresentam o maior número de casos e de óbitos pela Covid-19, com exceção do Espírito Santo, onde, embora haja o mesmo número de óbitos, é a cidade de Vila Velha e não de Vitória a que possui maior número de casos confirmados, indicando que, mais do que um fenômeno das capitais, a Covid-19 é um fenômeno metropolitano.

A dimensão metropolitana da Covid-19 origina-se de sua grande concentração nas quinze Regiões Metropolitanas trabalhadas neste artigo: juntas, registraram 74,74% dos casos confirmados da Covid-19 e 74,50% dos óbitos pela Covid-19 de todo o Brasil.

A Tabela 2 apresenta dados sobre o total de casos confirmados e óbitos pela Covid-19 para o conjunto das quinze Regiões Metropolitanas estudadas, agrupadas segundo grandes regiões.

Tabela 2 – Registros de casos e óbitos pela Covid-19 nas quinze Regiões Metropolitanas, segundo grandes regiões, até às 20h do dia 9 de abril de 2020

Grandes regiões	Regiões Metropolitanas	N. de casos	N. de óbitos
Norte	RM de Belém, RM de Manaus	1.010	44
Nordeste	RM de Fortaleza, RM de Recife, RM de Salvador	2.213	110
Sudeste	RM de Belo Horizonte, RM de Campinas, RM da Grande Vitória, RM do Rio de Janeiro, RM de São Paulo	8.789	520
Centro-oeste	RM de Brasília, RM de Goiânia	620	18
Sul	RM de Curitiba, RM de Florianópolis, RM de Porto Alegre	929	20

Fonte: Levantamento realizado pelos autores deste artigo junto às Secretarias Estaduais de Saúde.

A dimensão metropolitana dessa enfermidade indica que também sua prevenção, tratamento e estratégias de enfrentamento devem ser coordenados e não seguir a lógica dominante das hierarquias urbanas vigentes, nas quais os municípios competem entre si por recursos e investimentos. Essa estratégia será fundamental para que não ocorra uma distribuição desigual dos leitos, equipamentos de proteção individuais e demais elementos para prevenção e tratamento da Covid-19.

Ainda dentro da escala metropolitana, o IBEU permite detectar, também, as desigualdades urbanas entre os 39 municípios que compõem a RMSP. Dentre esses municípios, predominam os com IBEU médio (24 municípios, situados no entorno mais próximo da capital). O segundo grupo, considerando o número de municípios, é o de IBEU baixo (que reúne 11 municípios, num raio de maior distância da sede metropolitana), seguido do grupo de três municípios com IBEU alto (São Caetano do Sul, São Bernardo do Campo e Barueri) e de apenas um município com IBEU muito baixo (caso de Francisco Morato). Não há, na RMSP, nenhum município com IBEU muito alto, devido à presença de áreas de habitação precária em todos eles, seja cortiços (caso de São Caetano do Sul), seja favelas. Essa classificação indica uma estrutura urbana metropolitana marcadamente desigual, onde a proximidade ou o afastamento da capital tem influência marcante nas condições de mobilidade e no acesso aos serviços públicos garantidores do bem-estar coletivo.

Acredita-se que a capacidade de enfrentamento da Covid-19 esteja associada a essa gradação expressa pelo índice, com maior fragilidade, inclusive, do sistema de saúde nos municípios pior classificados. A exceção ficará por conta da variável interveniente "estrutura etária", uma vez que, nos municípios mais bem classificados na escala do IBEU, a estrutura etária é mais envelhecida, com um número maior de residentes com mais de 70 anos.

As barreiras econômicas, culturais, sociais e até policiais, criadas para evitar a interação entre os diferentes grupos sociais dentro desses contextos espaciais, denotam precisamente a característica mais evidente da segregação socioespacial: a fragmentação do tecido social urbano, que interfere nas formas de uso e de percepção do espaço urbano por quem nele habita, trabalha e vive. A pandemia da Covid-19 também afeta diferencialmente a população residente nos diferentes espaços das metrópoles, já que a população pobre que vive nos limites da sobrevivência e enfrenta os mais diversos tipos de risco e de vulnerabilidades é a mais exposta ao risco da pandemia, pelas condições de congestionamento de suas moradias e pelo grande adensamento do entorno, no caso das favelas e dos cortiços.

No passado, em fins do século XIX e no início do século XX, as epidemias de varíola e gripe espanhola, além da tuberculose, afetaram diretamente as áreas urbanas pobres e insalubres de algumas capitais brasileiras e levaram as elites a buscar novos espaços residenciais, longe da pobreza e da doença, segregando-se em áreas de maior salubridade. Foi nesse contexto de epidemias que se constituiu na cidade de São Paulo um novo eixo de expansão urbana, com a criação do bairro de Higienópolis e o povoamento dos arredores da avenida Paulista, num claro processo de segregação das elites. Hoje não há nenhuma possibilidade de isolamento, pois não existem regiões urbanas que estejam a salvo do vírus e a contaminação segue o caminho contrário do passado, partindo de áreas nobres em direção às periferias e aos enclaves insalubres. Mesmo nesse contexto, o isolamento residencial recomendado como prevenção à Covid-19 é privilégio de poucos, já que a maioria da população das cidades e áreas metropolitanas vive em habitações congestionadas e em espaços marcados por vulnerabilidades e superposição de carências.

A permanência desse processo e a seletividade das políticas urbanas e habitacionais, salvo articulações específicas importantes, mas incapazes de alterar a lógica da produção do espaço nas cidades e metrópoles brasileiras, promoveram ao longo da história recente a expansão do tecido urbano em territórios da riqueza e da pobreza, que se vinculam e se interpenetram na dinâmica de reprodução do espaço urbano, em suas dimensões econômica, política e institucional.

Breves considerações finais

Ao longo deste breve artigo, buscamos analisar a fragmentação do tecido social urbano nas metrópoles brasileiras e, especialmente, na Região Metropolitana de São Paulo, à luz das cinco dimensões que constituem o Índice de Bem-Estar Urbano. Procuramos apontar, ainda que de forma bastante genérica, como a presença deficitária dos benefícios urbanos a que se refere cada uma dessas dimensões, nas diferentes áreas da metrópole, afeta as condições de vida e limita as possibilidades de acesso dos grupos sociais ali residentes aos serviços urbanos, aumentando a vulnerabilidade de alguns desses grupos e os riscos de adoecimento, especialmente no caso da Covid-19.

Importante salientar que, pelas características próprias do coronavírus, como seu alto grau de contágio (R0, que oscila entre 2 e 3, isto é, cada indivíduo portador transmite o vírus para 2 ou 3 outras pessoas), o isolamento social é a estratégia mais eficiente para sua contenção e preservação da vida. Isso implica não apenas a necessidade de campanhas de esclarecimento como também de políticas públicas mitigadoras dos efeitos econômicos e sociais do isolamento. Nessa conjuntura, há alto grau de responsabilidade das autoridades em sua comunicação à população. Ao desacreditar, por exemplo, essa estratégia, o próprio presidente da República colabora para a elevação do potencial de contágio do vírus e para o aumento do número de casos e de óbitos pela Covid-19.

Dados levantados pelo Google na pesquisa "Covid-19 Community Mobility Report", disponibilizados em 5 de abril, indicam tendência recente de elevação do deslocamento para locais de trabalho e estações de transporte e, por consequência, de diminuição da permanência das pessoas nas suas residências. Até o momento de finalização deste artigo, o deslocamento para locais de vendas de varejo e recreação havia diminuído 67% em relação ao período de referência de 3 de janeiro a 6 de fevereiro; o deslocamento para mercearias e farmácias, diminuiu 24%; para parques e equipamentos públicos de lazer, 66%; para estações de transporte, 57%, e o deslocamento para locais de trabalho diminuiu 30%. A permanência das pessoas nas próprias residências registrou um aumento de 15% em todo o território nacional. Entretanto, já é possível identificar um afrouxamento do isolamento e aumento dos deslocamentos, movimentos que devem não só elevar o contágio como o número de óbitos, pressionando ainda mais a estrutura de saúde pública e particular.

Este artigo chamou a atenção para a natureza metropolitana do contágio e dos óbitos pela Covid-19 no Brasil. Em trabalho futuro pretendemos analisar a manifestação do coronavírus nos 96 distritos da cidade de São Paulo, onde se concentraram, até a finalização deste artigo, 27% dos casos confirmados de contágio e 35% dos óbitos pela Covid-19 de todo o Brasil.

A aproximação dos temas da mobilidade urbana e do processo de segregação socioespacial apresentou um conjunto de desafios teóricos e metodológicos. Acreditamos que a reflexão aqui proposta sobre alguns indicadores de qualidade de vida e de estruturação do espaço da cidade possa contribuir para a realização de análises qualitativas e para a construção de novas hipóteses de trabalho.

ONDE ESTAMOS?

IMPACTOS IMEDIATOS E LEITURAS

CAPÍTULO V

Do micro para o macro: estruturas em mutações a olho nu

João Décio Passos

As grandes crises provocam quase sempre mudanças de rumo na história da humanidade. As epidemias do passado, além de redimensionar as demografias regionais e continentais, provocaram revisões de percepções e práticas consolidadas como verdadeiras e boas. As duas grandes guerras provocaram impactos globais nos mais diversos aspectos. É possível falar de um mundo antes e outro depois delas. As geopolíticas mundiais se reconfiguraram durantes as crises do século passado. O que vivemos hoje em termos econômicos, científicos, tecnológicos e culturais é, sem dúvida, o resultado daquelas crises, respostas aos desafios e às oportunidades que foram sendo construídos pelas nações e pelos esforços de gestão global. O modelo econômico que se tornou hegemônico no Ocidente desde a Segunda Guerra e se globalizou desde a queda do regime soviético tem mostrado seus limites e provocado crises no modelo político da democracia liberal pelo mundo afora. Há quem fale em morte da velha democracia. Trata-se, na verdade, de uma crise política que busca meios de solucionar a crise econômica que se arrasta desde 2008.

Nesse clima de crise de valores políticos, expressa na emergência de projetos de ultradireita em vários pontos do planeta, o mundo foi visitado por uma inesperada crise de dimensões verdadeiramente globais. Agora, diferentemente das crises políticas gestadas quase sempre em público e, por conseguinte, com cenários históricos anunciados, a pandemia chega sem avisar e se instala de modo inédito como surpresa dramática, senão trágica. O micro e invisível atacou não somente os corpos vivos, como também as estruturas vivas e atuantes na sociedade. E já não se trata de tragédia anunciada, mas do imponderável que exige estratégias imediatas, para além das rotinas dos poderes, dos governos e dos hábitos consolidados. Em semanas, o mundo parou e foi colocando muitas certezas rotineiras em crise e, imediatamente, em dinâmica de mudanças. O isolamento social obrigatório levou a humanidade de volta à arca de Noé, na busca dos modos seguros de evitar a catástrofe da contaminação. A mudança de hábitos e, por conseguinte, de certos valores subjacentes a eles se encontra em curso e já mostrou que outro jeito de viver há muito esquecido pode ser possível.

O pós-pandemia anuncia-se como trombeta apocalíptica. O que acontecerá com a economia do planeta? Uma crise de grande alcance, com certeza. As máquinas do mercado mundial e dos mercados locais cessaram drasticamente a velocidade. Tudo indica que uma grande recessão chegará inevitavelmente. Os países já tomaram algumas medidas preventivas, quebrando as regras do mercado livre. Outro regime econômico sucederá o atual? Possivelmente não. Mas as regras de gestão mundial e local permanecerão as mesmas? Os centros de poder econômico permanecerão os mesmos ou haverá deslocamentos e adaptações de forças na cena global? O futuro próximo vai trazer as primeiras respostas e viveremos para ouvi-las como testemunhas históricas da grande pandemia.

Contudo, é possível perceber mudanças acontecendo em diversas esferas da vida planetária, no sentido de uma quebra de padrões consolidados até agora considerados verdades seguras e valores consensuais. Várias verdades socialmente estáveis e com grande poder de direcionamento dos comportamentos de dirigentes políticos, de donos do dinheiro e da população de modo geral têm mostrado ao menos uma falência temporária. De qualquer forma, apontam para mudanças significativas nas representações e nas práticas predominantes nos tempos modernos. Por certo, ainda não se pode falar em mudança de paradigma, mas talvez em rupturas que deixarão suas consequências para os tempos vindouros. Algo de novo está sendo por certo gestado. Serão apresentadas sete mudanças em curso, sabendo, evidentemente, do limite tipológico do conjunto e de cada uma delas e da contingência histórica que carregam. O certo é que a pandemia mata não somente corpos vivos, mas também mentalidades vivas. Algumas verdades certas, afirmadas teoricamente, mas antes de tudo vivenciadas como consenso implícito, vão sendo corroídas nesse curto intervalo histórico. Para quem ainda não viu, segue uma rápida descrição de sete quedas dessas verdades cridas como estáveis.

1ª Que havíamos chegado ao fim da história

Não se trata apenas da conhecida tese de Francis Fukuyama, que oferece uma conclusão para a ideia surgida no século XIX no âmbito de uma modernidade consolidada, mas de um estado de espírito que, de fato, se tornou um consenso implícito no mundo globalizado. A época atual teria configurado uma conjuntura mundial definitiva que não permitiria pensar em outro mundo diferente. Os que ousaram afirmar utopias comuns foram desconsiderados como fabricadores de ilusões ou como esquerda irresponsável. Um mundo sem volta estaria definitivamente configurado e só restaria achar os meios de se acomodar em suas regras, regras do mercado globalizado e de orientação neoliberal. É verdade que nos últimos tempos o par inseparável da economia de mercado mostrou um desgaste surpreendente: a crise da democracia liberal com seus princípios, com suas regras e instituições. Alguns autores falam em morte da democracia (Levitsky e Ziblatt), outros em ruptura com um modelo político (Castells). Nesse desgaste, até mesmo a laicidade do Estado vem sofrendo abalos com recorrentes afirmações de fundamentos religiosos. Para quem sempre acreditou que os regimes democráticos estavam definitivamente assegurados no Ocidente, a emergência de poderes autoritários de viés religioso em alguns pontos do planeta causa mal-estar político e levanta interrogações sobre os rumos da história.

A crise instalada pela pandemia provocou um abalo sísmico nas sedimentações mais básicas. Onde estava o mundo e para onde se encaminhava? Não estaria em uma rota sem desvio? A economia não estaria segura, mesmo que administrando a crise de duas décadas? O mundo parou efetivamente. Mas era possível parar dessa maneira e nesse tempo? O mundo se trancou em casa. Mas como isso é possível? A vida dos indivíduos, das famílias, das nações e do planeta mudou de rumo da noite para o dia e mostrou que nada era estável e seguro, mas, ao contrário, que tudo pode mudar. Um intervalo histórico entre o antes e o depois tomou conta da população mundial como loja que fecha para balanço. A história humana não havia chegado ao ponto final de seu acabamento. De repente, tudo foi parado na espera de ser feito novamente, sem dizer que o amanhã se configurou unicamente como incerteza. Qual o tamanho da crise que virá? Qual será o impacto sobre as rendas das pessoas? A quarentena foi como um longo deserto a ser atravessado por todos, sem, contudo, contar com a promessa da terra que jorra leite e mel; travessia que levaria a um lugar sem referência. O mundo se encontra entre o fim e o começo. Como será o dia seguinte à pandemia?

2ª Que o sistema moderno é seguro e estável

O sociólogo Anthony Giddens explicou a modernidade como um sistema de confiança. Trata-se de uma grande máquina na qual tudo se encaixa e funciona com regularidade em suas instituições e com seus especialistas. Nessa visão que corresponde evidentemente a um sistema que funciona dentro de uma regularidade, todas as coisas – os serviços, os fluxos, os sujeitos, as normas – compõem uma ordem em ação. Esse conjunto é um sistema abstrato que esconde as causas e os processos. Ninguém sabe de onde vem a energia que usa diariamente, desconhece o autor da máquina que utiliza, a origem do alimento que come e, ao mesmo tempo, desconhece as credenciais dos profissionais que construíram os produtos. E todos necessitam dos peritos para explicar e intervir quando preciso, para garantir o andamento regular de tudo. Cada usuário – posicionado em qualquer ponto – confia nesse funcionamento e, por essa razão, faz o sistema funcionar à medida que dele participa automaticamente; do contrário, ele seria paralisado. Inseridos nesse sistema, todos participam e acreditam em sua regularidade.

A pandemia exigiu uma gestão diferenciada desse sistema com regimes de urgência, mostrando, porém, os seus limites. A máquina em funcionamento regular na economia (produção-circulação-consumo), na vida social (trabalho, transportes e mobilidade) e nos serviços (lazer, saúde, cultura e religião) entrou em uma nova dinâmica, desacelerou seu ritmo e até anunciou riscos de colapsos. Alguns serviços foram à falência, ao menos a uma falência temporária, e se mostraram como não essenciais. A ordem regular das coisas revelou sua fragilidade. A desconfiança necessária para conter a contaminação afetou o sistema em vários pontos, a começar das práticas de consumo.

Até mesmo o sistema médico ficou sob vigilância, quando não foi interrompido. Os shoppings, alma da vida metropolitana, foram fechados sem ponderações. Evidentemente as tecnologias de comunicação ofereceram a salvação da máquina com as possibilidades de trabalho à distância. A confiança cega nos sistemas pode ser o início de suas próprias crises. A pandemia mostrou que nada é seguro e que a confiança espontânea no sistema moderno tem limites. Tudo pode mudar, ser interrompido e parar. Confiar ou desconfiar?

3ª Que o progresso é linear e não pode parar

A modernidade trouxe consigo essa ideia e essa prática de uma história que avança para frente e deve evoluir do pior para o melhor. O tempo é uma caminhada sempre para frente na busca de patamares mais elevados de progresso e, quiçá, de felicidade. Essa percepção de raiz judaico-cristã – tempo como intervalo entre a criação e a escatologia e sob a condução dos sujeitos humanos – configurou de fato o Ocidente moderno com suas tecnologias, com a economia e com os projetos políticos. A ideia de progresso contínuo e necessário em todas as dimensões da vida, mas, sobretudo, a de progresso econômico, tornou-se, de fato, uma espécie de lei e meta obrigatórias para todos, inclusive para os que estão na margem do fluxo principal dos que têm condições materiais de avançar com mais eficácia. Mas tornou-se também uma prática como acúmulo incessante de riquezas e de avanços nos domínios sobre a natureza. O progresso não pode parar. Há que chegar a um ponto máximo, alcançar o céu como queriam os construtores da torre de Babel. A estagnação é um pecado mortal contra o progresso. Os que ficam de fora desse fluxo contínuo são atrasados. As culturas locais com suas tradições são descartadas como coisa do passado. A terra é vista como fonte de riquezas a serem exploradas sem limites.

O papa Francisco alertou em sua Encíclica *Laudato Si'* sobre a necessidade de "reduzir determinado ritmo de produção e consumo" para que se possa "dar lugar a outra modalidade de progresso e desenvolvimento" (n. 191). Essa proposta irracional para os donos do progresso chocou-se frontalmente com a pandemia. O coronavírus exigiu a desaceleração imediata dos ritmos de produção e consumo e das aplicações financeiras. O mundo parou e a economia parou. Por certo não foi nada mais que um pequeno intervalo, mas um intervalo que chamou a atenção para a busca do mais essencial, que é a salvação das vidas. A luta entre a economia que não pode parar e o isolamento social em prol da vida revelou sem dúvida uma opção ética: a precedência da vida como valor primeiro. O mundo afirmou essa opção, mesmo que amargamente. Voltaremos ao ritmo frenético da produção-consumo quando tudo passar?

4ª Que o mercado é autossuficiente e deve rejeitar intervenções do Estado

Talvez seja essa a verdade desbancada de modo mais escancarado pela pandemia. O neoliberalismo e, hoje no Brasil, o chamado ultraliberalismo adotaram esse dogma como fundamental de sua doutrina e de seus modelos que foram sendo praticados pelo mundo afora, desde a década de 1970. A história dessa doutrina é longa e complexa, como explicam Dartot e Laval, na obra *A nova razão do mundo*. Mas o neoliberalismo a repetiu como regra de ouro, contra todas as utopias de um mercado eticamente orientado para o bem comum e como uma espécie de mantra: o mercado é naturalmente autorregulado e bom, e o Estado não pode intervir em seu funcionamento.

O desmonte dessa doutrina foi exposto ao público mundial em cenas inesperadas de socorro do Estado à economia em todos os quadrantes do planeta. E talvez ainda venha a público o real montante de dinheiro injetado pelos governos nas grandes empresas e nas bolsas dos especuladores bilionários pelo mundo afora. O fato é que os governos mais alinhados a esse princípio – caso espetacular de Donald Trump – injetaram milhões de dólares nas economias para salvá-las da crise anunciada. A cena brasileira de um governo que se elegeu recentemente, com um ministro discípulo observante e anacrônico de Margaret Thatcher e Pinochet, comunicando publicamente as estratégias de socorro do Estado à economia e às populações empobrecidas, beirou à desmoralização política, embora eticamente legítima.

O mundo assistiu à confissão pública de que a não intervenção do Estado na economia não é nada mais que um mito e que se faz valer como *regra pétrea* somente quando os lucros vão bem. Os defensores da doutrina espalhados pelo mundo a abandonaram em nome de quem? Da salvação da economia e, no bojo dela, dos potenciais consumidores? Ou, de fato, em função do bem-estar social?

Não faltaram aplausos populares dos que desconhecem a contradição da cena e dos empresários que ganham com as medidas. Mas o fato é que a pandemia exigiu uma revisão imediata da doutrina neoliberal, sem tempo para debates e construção de consensos. A crise anunciada fez os profetas neoliberais pedirem socorro aos cofres públicos. O Estado forte abominado por eles assumiu o comando. As cenas de socorro foram televisionadas em tempo real. Quem ficou vermelho?

5ª Que o *Estado de bem-estar social* é um equívoco a ser superado

Essa verdade que se alastrou em muitos projetos políticos no norte e no sul do planeta, como parte do catecismo neoliberal, mostrou também sua falsidade neste intervalo histórico da pandemia. A afirmação do Estado mínimo sustentado sem custos públicos e desvestido de suas funções sociais produziu seus efeitos concretos em países do Hemisfério Norte desde Margaret Thatcher e Ronald Reagan. Os investimentos sociais do Estado não somente empurrariam o estado à falência como produziriam efeitos perversos na vida dos indivíduos dispensados, que teriam de assumir os compromissos com suas sustentações. O desmonte dos sistemas públicos de saúde fez parte da agenda neoliberal e mostrou, agora, suas consequências deletérias, como no caso emblemático dos EUA.

O Estado, seguindo esse princípio, torna-se uma empresa a serviço do mercado e deve, como qualquer empresa, ser enxugada em seus gastos e abrir mão de todas as suas propriedades para a iniciativa privada. Os discursos da falência dos serviços públicos, dos riscos da dívida pública e, no caso do Brasil, de falência moral das universidades públicas se inscrevem nas estratégias de difamação da função social do Estado. O princípio é curiosamente inverso ao que foi descrito no item anterior: as regras do mercado é que podem salvar o Estado da falência. O resultado é um Estado submisso ao mercado e sem funções sociais. O bem-estar social fica delegado a cada cidadão que pode comprá-lo, financiando a educação, a saúde e, até mesmo, a própria aposentadoria. E o governo que fugir da regra peca contra o dogma e termina conduzido para a pena capital.

Essa máxima mostrou seu limite em dois aspectos com o avanço da pandemia. Primeiro, a falência da saúde privatizada, que não dá conta de acolher os infectados pelo coronavírus em seus serviços disponíveis. Apenas uma elite capaz de pagar UTIs poderá receber os cuidados urgentes e, até mesmo, os socorros imediatos. A segunda falência da suposta verdade se mostra, sem dúvida, nas estratégias dos poderes públicos em oferecer socorros emergenciais para os infectados e para os atingidos com a crise econômica.

O Estado mínimo se mostrou de repente obrigado a ser Estado forte e exercer sua função social, sob pena de um quadro de calamidade social criminosa. As políticas de renda mínima, até ontem abominadas como mãe de todos os equívocos dos governos de esquerda, saltou das planilhas contábeis dos Estados supostamente falidos como coelhos das cartolas. O bem-estar social deixou de ser uma ideia debatida em projeto de governo e o vilão das crises econômicas; tornou-se realidade urgente para os gestores de todos os matizes ideológicos e urgência para todos, para os pobres e para os ricos. Os neoliberais estariam salvando a própria pele e a de seus governantes ou a vida assumida como valor absoluto, que se impõe acima das ideologias?

6ª Que as soberanias locais garantem a segurança e a estabilidade econômica

A constatação de uma crise no modelo democrático e, por conseguinte, a emergência de projetos e governos de ultradireita (desdemocratização) em alguns pontos do planeta iniciaram uma frente política investida da missão de salvar as nações da dissolução final. A democracia, com seus mecanismos e instituições, perderam a legitimidade; corromperam-se radicalmente e já não representam mais os anseios da população. Realidade política ou fantasia construída, essa percepção tem sido a mola indutora de movimentos de rua e de ascensão de projetos de governo autoritários que recuam para valores e práticas pré-modernas. A ideia de soberania nacional tem sido uma das pautas desse projeto que se encontra concentrado em governos (em verdadeiros regimes, caso do Brasil), em práticas de governantes (caso de Trump nos EUA) e em atitudes de governo pelo mundo afora (caso de Israel e de alguns países da Europa).

A afirmação da necessidade urgente de proteção contra grandes inimigos externos visíveis e imaginários coloca-se nos discursos e nas práticas dos governantes e constrói muros de proteção, muros físicos, políticos ou jurídicos. Todos visam cercar e proteger a vida estável e as identidades locais em diversas esferas geopolíticas: do norte em relação ao sul (Europa contra os africanos e os sírios, os EUA contra os latino-americanos), do sul contra o sul (países latino-americanos *versus* venezuelanos) e, na soma final, de todos os murados do Ocidente contra o Oriente.

Nem mesmo a Igreja Católica escapou da briga dos muros (posicionando-se contra os muros), quando da realização do Sínodo para a Amazônia. Foi acusada pelo governo brasileiro de atentar contra a soberania nacional sobre a região amazônica. A ideologia dos muros conquistou parcela significativa da população preocupada com seu bem-estar e temorosa de invasores concorrentes de seus postos de trabalho e do sossego social. A xenofobia se tornou cada vez mais legítima e os direitos humanos mais fundamentais não somente perderam sua referencialidade como chegaram a ser explicitamente negados como perigosos e perversos para a estabilidade nacional e para a própria sustentabilidade econômica dos países e dos Estados.

A pandemia adentrou de modo invisível, veloz e corrosivo no interior dos muros. Fez ver que o vírus não atravessou as fronteiras seguras por meio dos refugiados e migrantes empobrecidos, mas por aqueles que podem transitar entre as nações por transporte aéreo; fez ver que a segurança dos muros perdeu sua eficácia, quando cada indivíduo deveria isolar-se para preservar o conjunto; fez ver, ainda, que o impacto econômico do vírus alcançou índices muito superiores que qualquer entrada massiva de pobres nos países ricos. Para que servem mesmo os muros?

7ª Que o consumo é o único meio de viver e de alcançar a felicidade

A sociedade de consumo foi sucedida pela cultura de consumo, explica Lipovetsky. O consumo passou a ser um dos lados da moeda da economia mundial atual; o outro lado é o do mercado financeiro. A cultura de consumo significa que consumir tornou-se um modo de vida para todos os povos e todas as classes sociais, mesmo que o poder aquisitivo permaneça diferenciado para cada estrato social. O consumo assimilado como necessidade, como valor e como anseio de felicidade já não permite mais distinguir o necessário do supérfluo. O produto que promete bem-estar adquire *status* de necessário e incorpora-se na rotina das pessoas como indispensável, até que seja substituído por outro mais perfeito por realizar com mais eficácia o que promete. Viver para consumir tornou-se a máxima oculta tanto da dinâmica macroeconômica da produção incessante (produção => consumo => produção...) quanto da dinâmica da alma humana (desejar => consumir => desejar...). Essas duas estruturas perfeitamente articuladas fazem a síntese da alma humana com o mercado (desejar => produzir => consumir => desejar => produzir...), configurando um sistema que se reproduz como ciclo vicioso (virtuoso!?), em velocidade alucinante de renovação permanente. A oferta-demanda de bem-estar não pode parar e deve ser imediata.

A cultura de consumo opera com sua dinâmica própria de oferta. Veiculada por todas as mídias e oferecida concretamente nos produtos de última geração (de última promessa de felicidade), tornou-se onipresente nas vitrines urbanas e nas telas dos celulares, concentrada de modo sagrado nos shoppings centers e nas lojas de luxo, acessível nas marcas falsas e legitimada nas aparências das belas embalagens e das marcas fortes.

Os rituais de consumo foram em boa medida interrompidos pela pandemia, ao menos aqueles que são oferecidos nos espaços físicos de lojas, de gastronomia, de jogos, de clubes, de academias e até mesmo de culto. Todos os templos do bem-estar foram fechados e todos mandados de volta para casa. As lógicas da aparência e da imitação que caracterizam os comportamentos consumistas nos espaços públicos perderam abruptamente sua importância. Não há o que exibir dentro de casa, nem roupas, nem carro, nem joias, nem mesmo maquiagens. Por outro lado, o ritmo de consumo anuncia sua falácia, mostrando que é necessário planejar melhor as compras, guardar os suprimentos essenciais e fazer compras sem contemplações dos produtos. Dentro de casa, sem restaurantes, sem bares, sem lazer e sem passarelas do consumo, a vida revela o seu essencial e dispensa as aparências, os excessos, os hedonismos e os supérfluos necessários. É possível consumir para viver. Onde mora a felicidade?

Considerações provisórias sobre mutações visíveis

Um vírus (veneno, em latim) que saiu de dentro de um morcego em um ponto do planeta se espalhou pelo mundo, comportando-se com sua regularidade de agente infeccioso das células vivas e passando por mutações, em função de seus corpos hospedeiros e de sua dinâmica de reprodução. O mundo caminhava em sua rota regular traçada pelos donos do poder econômico, preocupado com a segurança e bem-estar do mercado e dos consumidores, administrando uma crise econômico-política com propostas políticas de mercado autônomo e Estado mínimo, oferecendo projetos políticos de segurança nacional por meio de muros que garantiriam as fronteiras das nações e a identidade dos povos, concentrado nos rendimentos das aplicações financeiras, conectado pelas mídias digitais individualizadas... Da noite para o dia, tudo parou de modo inédito, como que num grito: salve-se quem puder! O micro, mutante e infeccioso, exigiu mutações nas estruturas macro. As mutações passaram a comandar as decisões e estratégias dos líderes políticos. A catástrofe econômica anunciada empurrou os governantes para a beira do abismo, fazendo-os esquecer seus credos mais sagrados, em nome de um bem maior, a salvação da economia. Os donos do dinheiro aceitaram as ofertas como necessárias, como obrigação do Estado. Por outro lado, as ciências mostraram seu poder como discernimento e orientação dos rumos, ainda que, no Brasil, em franco conflito com interesses políticos. A ciência ensinou como preservar a vida. Os líderes políticos socorreram as economias e ajudaram a preservar a renda mínima dos consumidores para evitar a falências dos mercados.

A história nos narra os dramas de grandes epidemias que dizimaram populações e deixaram seus rastros para as gerações seguintes. As macroestruturas econômicas e políticas não garantem automaticamente a preservação da vida e mostram suas fragilidades na hora das grandes crises. Como em outras epidemias, o mundo se encontra em mutação. As verdades consolidadas se encontram em mutação. O microrganismo provocou mutações inusitadas nas macroestruturas. A pandemia vai passar seguindo seu ciclo regular e provocando seus estragos expostos aos olhos dos observadores em tempo real. Ficarão gravados nas memórias os dias em que a Terra parou. Restarão traumas para todos os povos pelas perdas de entes queridos sem direito ao costumeiro luto. Os resultados econômicos e sociais permanecerão por bom tempo. Sofreremos mutações estruturais? Ou estamos em uma fase de mera transição, quando se podem quebrar dogmas consolidados sem perder tempo com discussões teóricas e doutrinais? O futuro nos contará os efeitos históricos da pandemia mundializada da Covid-19 no primeiro semestre de 2020. Por ora, muitas mutações visíveis nas verdades estabelecidas.

CAPÍTULO VI

As novas formas de presença em tempos de pandemia

Alzirinha Souza

Comumente afirmamos que trazemos conosco o desejo de mudança e que é próprio de nossa natureza, enquanto humanos, estarmos sempre num movimento que alimente nossos desejos, nossas buscas pelo novo. No entanto, em tempos de pandemia, fomos atropelados pela nova forma de vida que o vírus nos impôs.

Mudamos nossos hábitos mais simples, como lavar as mãos com frequência, deixar os sapatos fora de casa, lavar roupas separadas, fazer mais vezes a higiene domiciliar, entre outros. Quem sabe, se já os tivéssemos adotado antes, esta situação seria menos traumática...

Mudamos nossa percepção de crer na vida com mais certeza. A presença do vírus entre nós quebrou a regra do que pensávamos ser "exagero" o adotado pelos países que nos precederam nesse processo. Estamos verificando com alto custo o que já deveríamos ter evitado desde fevereiro de 2020, quando toda a imprensa nos dava informações da gravidade do processo chinês. Nós preferimos não acreditar e festejar o Carnaval "antes de o vírus chegar", aglomerando pessoas em todos os espaços possíveis. Se tivéssemos acreditado com mais certeza, teríamos compreendido que a quantidade de turistas estrangeiros que desembarcaram em nosso país para o Carnaval trazia potenciais transmissores.

Outra vez estamos sendo "atropelados" pelos fatos da história que nem nós acreditávamos que iriam nos tocar. E a expressão "atropelo" remete-se aqui a seu significado mais amplo: ser tocado repentinamente por algo que não esperávamos e que não estávamos preparados para absorver. Não encontro outra expressão que defina melhor a situação.

Quando penso em atropelos da humanidade, não penso somente nas situações de pandemia que aconteceram coincidentemente a cada cem anos, como a cólera em 1820, a gripe espanhola em 1920 – que de espanhola não tinha nada – e, mais recentemente, no século XXI, em 2009, a gripe suína, bem como a Covid-19 em 2020. Penso num escopo mais amplo, em fatos da história que determinaram verdadeiras mudanças de época.

Crises na história da humanidade

Poderíamos retroceder um pouco mais na história para melhor situarmos os atropelos sofridos. A partir do século XVIII, fomos atropelados pela Revolução Industrial (1760-1840), que nos obrigou a viver numa nova lógica de estratificação social, pautada pelo avanço das "tecnologias do momento". Essa estratificação foi também pautada à custa da vida de milhares de operários que tiveram sua força de trabalho explorada ao limite pelas horas passadas nas fábricas e pela falta de condições humanas relativas a qualquer tipo de seguridade.

Concomitantemente à Revolução Industrial, e, para alguns estudiosos, quase como resultado dela, dá-se o processo da Revolução Francesa (1789), que traz consigo não só a proposta de uma nova forma de organização social baseada na Igualdade, Liberdade e Fraternidade, como também impõe à sociedade o fim dos privilégios das classes aristocráticas. Descobrimos o que éramos capazes de ser sem o direcionamento das classes aristocráticas e da classe religiosa. O mundo formatado a partir de uma cosmovisão centrada na autoridade divina dá lugar a uma cosmovisão antropocêntrica. Continuamos daí, com passos mais firmes, nossa caminhada de "sujeitos" na história. Contudo, essa foi uma mudança profunda que não permitiu dar um passo atrás.

O século XX confirma isso. Inauguramo-lo atropelados pela Revolução Russa, que, iniciada em 1905, teve sua consolidação em 1917 com a efetivação das mudanças sociais, a partir de uma transformação abrupta de sociedade feudal em capitalismo. O redirecionamento das forças de trabalho implicou uma nova ordem de sociedade que marcará aquele contexto nos espaços urbanos e rurais.

No espaço "ocidental" do planeta, em 1914, inicia-se a I Guerra Mundial, que dividiu o continente europeu. De um lado, a Tríplica Entente (Reino Unido, França e Rússia); de outro lado, Alemanha, Áustria-Hungria e a desistente Itália. Ao final, dizem os historiadores, não se sabia mais por que se estava guerreando e os soldados franceses retornavam para casa aos fins de semana. Sem que se soubesse como terminar o que tinha sido começado, essa guerra é finalizada por acordo com o Armistício de 1918 e a constituição da Liga das Nações, formada pelas potências vencedoras. Em meio a milhares de mortos, países saqueados e destruídos, e populações violentadas em todos os aspectos dos direitos humanos, poderíamos perguntar: vencedoras de quê, exatamente?

O fato é que a I Guerra desvelou na era contemporânea o que as sociedades seriam capazes de fazer entre semelhantes em nome da luta pelo poder. Saímos dali não somente com uma nova configuração geográfica, política e social, como também com um novo conceito de "ser humano" a partir das barbáries realizadas nesse período. Certamente, em outros períodos e guerras, houve barbáries e talvez até maiores, mas também eram outros os contextos, em que não se presumiam os avanços do pensamento, da ciência, da liberdade religiosa. A guerra agora não era apenas "santa" ou por coerção de pensamento. Era deliberadamente uma busca de imposição de poder pela via econômica. Mal sabíamos nós que ainda poderíamos fazer bem pior.

E fizemos. Menos de trinta anos depois, tinha início a II Guerra Mundial. Os países do norte do planeta mal haviam se recuperado de seu primeiro grande trauma e já se iniciava o segundo e mais violento. Nela, as faces do horror se desvelaram nos movimentos totalitários, notadamente nas atrocidades do nazismo alemão. Com certeza houve muitas outras atrocidades proporcionadas pelas pseudopermissões que cada um se dá em tempos de guerra, mas as comprovadamente históricas, registradas e em bloco, ficaram evidenciadas no Holocausto. Em grego, ὁλόκαυστος (*holókaustos*): "todo", e καυστον, "queimado"; evento também conhecido como *Shoá* em hebraico: (*HaShoá*), "catástrofe". São palavras que definem bem o que foi o genocídio de cerca de seis milhões de judeus, através de um programa sistemático de extermínio étnico patrocinado pelo Estado liderado por Adolf Hitler e pelo Partido Nazista, tendo ocorrido em todo o Terceiro Reich nos territórios ocupados pelos alemães durante a guerra.

Se a guerra revelou novamente a luta pelo poder e, para alguns, um movimento de revanche de uma Alemanha que terminará perdedora pela segunda vez, ela revelou ainda mais a capacidade que nós, humanos, temos de realizar o mal contra nosso semelhante, o que se configurou no Holocausto. Mais uma vez, podemos pensar que houve outros holocaustos na história, como o realizado no processo de colonização da América Latina, por exemplo. Contudo, diferentemente desse e de outros ocorridos em períodos passados, estamos agora falando de uma sociedade em que as ciências humanas se davam por convencidas de que entendiam os humanos: a filosofia estava convencida de que compreendia o pensamento do momento; a sociologia julgava o mundo reorganizado após a I Guerra. No pós-guerra, as ciências e o pensamento se deram conta de que eles também foram atropelados pelo inesperado: o ser humano se revelou um completo desconhecido, ou melhor, revelou uma face que ainda relutávamos em conhecer e que descobrimos pela experiência.

Nesse sentido, o resultado da II Guerra não foi somente uma reorganização político-econômica, mas uma obrigatoriedade de reorganização de pensamento para buscar, a partir de uma possibilidade de compreensão do ocorrido, uma nova forma de se recolocar no mundo. Dada a quantidade de pesquisadores que se debruçam sobre o tema até hoje, constata-se que não absorvemos e não entendemos a gama de possibilidades de realizações que trazemos em nós. De positivo, nasce no campo da teologia e da filosofia a recuperação da esperança. Se não conseguimos compreender, também não perdemos do horizonte a esperança da mudança para a não repetição.

De fato, não tivemos mais uma "grande" guerra mundial. Todavia, como nos lembrou Francisco desde o início de seu pontificado, ela se instaura no já da história "em partes", revestida de crimes, massacres. O Papa denunciou o "massacre inútil" das guerras, que destrói a relação entre irmãos e o "mais belo que Deus criou: o ser humano" (*El País*, 09/13/2014).

Nisso Francisco tem razão. As "guerras" da humanidade têm sido muitas e, às vezes, não percebidas porque agora ocorrem de maneira particularizada. A guerra contra os migrantes em território europeu, as guerras implantadas nos países do

Oriente Médio, as guerras infinitas nos países africanos, antes encobertas pelo fator econômico, agora assumem também características religiosas.

Sendo atropelado pela proximidade histórica de tantas pequenas guerras, o pensamento filosófico e teológico conseguiu ainda compreender a profundidade da instauração de uma nova forma de relacionar-se que nascia no Holocausto. Ao que parece, o exagero da era individualista da contemporaneidade continua nos permitindo realizar os desejos mais íntimos, para o bem e para o mal, sem grandes cerimônias.

O positivo é que esse movimento de busca pela reorganização da vida no período pós-guerra nos permitiu uma pré-organização para a grande mudança dos anos 1960. A década de 1950 é marcada como a que prepara a "ebulição" para a década seguinte. A luta por uma nova ordem que sustentasse os desafios impostos pela Guerra Fria se fazia iminente. Contudo, ela era baseada na exploração de países subdesenvolvidos (ainda que, naquela época, se utilizasse o termo "em desenvolvimento"). E foi a partir dessa dinâmica econômica, política, social e também eclesiástica que as diversas partes do mundo começam a reagir.

Na América Latina, influenciada pela Revolução Cubana (1959) e contrainfluenciada pelos ensinamentos dos papas Pios (XI e XII), nasce um movimento contra o "perigo comunista" que anunciava a "destruição" da civilização cristã. Esse movimento culminará na publicação da Encíclica *Fidei Donum*, que incentiva padres, religiosos e religiosas a irem aos países ameaçados pelo comunismo. E foi assim que muitos padres e religiosos europeus vieram para a América Latina, e que, pelos nós da história, foram posteriormente acusados de comunistas pelos regimes ditatoriais unicamente por se colocarem ao lado dos pobres e dos perseguidos políticos. O fato é que, entre os anos 1950 e 1970, como praticamente todos os países da América Latina e da América Central estavam sob regimes ditatoriais militares, nascem os movimentos de protestos estudantis.

No restante no mundo, a Ásia sofria com a Guerra do Vietnã, causada pelo exército americano e dominada pela Frente de Libertação Nacional, que buscava conter a ameaça comunista chinesa que invadira quase todo o continente. Essa operação, que se deu entre 1965 e 1969, custou aos americanos um reconhecimento futuro, por parte de sua população, de ter sido um grande erro. Em 1967, Martin Luther King, líder do movimento negro norte-americano, adere ao movimento contra essa guerra, por tratar-se de uma intervenção imperialista, tal como ocorrera na Guatemala em 1954 e na República Dominicana em 1965. Enfim, nasce a partir daí o movimento generalizado contra a Guerra do Vietnã, bem como a luta pelos direitos dos negros; tudo isso aliado ao movimento *hippie* de 1969, originado nas universidades norte-americanas, reforçando assim a contestação do sistema vigente.

Em contexto europeu, os movimentos da juventude, marcados por razões distintas, são organizados na Alemanha em 1967 pelo movimento intelectual de Rudi Dutschke. Entretanto, é o Maio de 1968, em Paris, que compila as mobilizações de todo o mundo, invocando símbolos de diversos movimentos revolucionários, desde Che Guevara e as guerrilhas latino-americanas até a Revolução Cultural na China e a luta dos negros na América e na África do Sul.

E o que muda agora?

É justamente no século XXI, em que acreditamos que o desenvolvimento das ciências poderia evitar ou no mínimo diminuir os efeitos de uma grande crise, que estamos vivendo a experiência de um atropelo real e sem perspectivas de solução a curto prazo. Ainda é cedo para grandes análises, mas creio que já podemos afirmar alguns movimentos advindos deste período.

Em primeiro lugar, trata-se de uma pandemia que não só atinge a todos, mas que, ao contrário das demais, atingiu inicialmente as classes alta e média. Ela não começou pelos pobres e não poderemos culpá-los por isso. Por eles continuamos a rezar e fazer os esforços para que a doença não chegue às comunidades, às favelas e aos sofredores em situação de rua. Eles não terão defesa. Além disso, ela começou no Hemisfério Norte. Estávamos mais acostumados e talvez nem nos sentíssemos tão incomodados com as endemias do Hemisfério Sul (especialmente do continente africano, onde se concentram cerca de 15% da população mundial): a da fome, com 257 milhões de pessoas atingidas, segundo a ONU; a do HIV, que havia infectado 10% da população do continente até o ano de 2011, e a do Ebola, que, no primeiro surto em 1976 e, no segundo, em 2014, já dizimou milhares de pessoas em diversos países.

Considerados os contextos, essa crise escancara as assimetrias de recursos disponíveis que cada país destina para salvar os mais pobres e vulneráveis do planeta, isto é, quanto cada país tem e quer gastar para socorrer suas populações. Na proporção relativa ao número de habitantes, seguramente os Estados Unidos destinaram o triplo dos recursos de um país do continente africano.

O segundo ponto a ser destacado é que as crises todas do século XXI são tecnológicas e midiáticas. Fomos atropelados nos últimos quarenta anos pela tecnologia da internet, que nos trouxe as redes sociais em que estamos majoritariamente presentes, envolvidos em maior ou menor grau. O mundo virtual ressignificou conceitos e criou classes de "excluídos digitais", ao mesmo tempo que nos impôs uma nova forma de nos relacionarmos e nos comportarmos. De qualquer maneira, esta é a primeira vez que temos uma crise num mundo integrado pela internet e pelas informações.

Essas informações revelam o nível das desigualdades deste país. Nós temos, na prática, duas *perfomances* para elas: uma crise das classes média e alta que diz respeito ao confinamento em casa, cujas atividades são, em geral, ler livros, voltar a conviver com as crianças, viver sem empregada e desenvolver o sentimento de monotonia e tédio com a ausência do mundo muito agitado de antes; e existe outra crise, da classe baixa, que não oferece espaço para o confinamento, pois as casas não têm espaço para a família (muito menos para isolar alguém em caso de emergência), e que traz, sobretudo, o medo de perder o emprego, com demissões já em curso. Pobre não tem direito a *home office*.

A crise de agora se dá num mundo globalizado para o pior e para o melhor. O ponto central é que a globalização se faz pela competitividade, nos coloca uns contra os outros, num sistema perverso que utiliza vidas e a própria natureza em função de um sistema econômico "neo-neoliberal", isto é, liberal ao extremo.

Tão globalizados estamos que o mundo todo foi atingido por um vírus asiático, e, arriscaria dizer, é a primeira vez que vamos testar a globalização e as relações internacionais. O que pode ser positivo é que, se bem articulada, essa mesma globalização talvez possibilite aos países realizar ações integradas nacionais, internacionais e transnacionais. E essas ações devem ser rápidas, dado que o novo coronavírus não compreende o que é fronteira. Ao contrário de outras endemias, a contaminação desta vai à velocidade de um mundo interconectado e globalizado. São sistemas que nos levam a diferentes formas de exploração, seja de pessoas, seja do planeta.

Como resultado desse processo, a vida concreta foi sendo deslocada para as mídias sociais, que ressignificaram substancialmente os conceitos de amizade, de comunidade, de presença, inclusive religiosa, enfim, de humano. As amizades se tornaram mais descartáveis na medida em que podem ser deletadas a qualquer momento e por qualquer razão; as comunidades se tornaram grupos de interesses; a presença em definitivo se tornou virtual e os cultos religiosos encontraram nesse espaço a solução para o período que passamos. Como nos lembra Bauman, a vida nos escorreu pelas mãos, tornando-se líquida, flexível, menos rígida, diria eu, e a urgência de encontrar novas formas nos colocou em definitivo nessa dinâmica.

Ao assumirmos esta nova forma de presença, ressignificamos também a compreensão de corporeidade. Graças às novas tecnologias, não precisamos mais do corpo físico para nos fazer presentes. Podemos nos relacionar somente com a imagem e com a história que representamos no momento de sermos vistos.

Definitivamente, somos vistos, e não mais tocados, ou sentidos, ou percebidos fisicamente. Paula Sibilia denomina brilhantemente esse novo ser humano como o "homem pós-orgânico". Em seu estudo *O homem pós-orgânico: corpo, subjetividade e tecnologias digitais*, aprofunda as perspectivas da construção do homem pós-orgânico, tentando guardar um elemento ético-comportamental. Ela retoma as perspectivas "fáustica" e "prometeica" do ser: a primeira, baseada no personagem Fausto, de Goethe, que aporta uma perspectiva de guarda do conhecimento pelo poder e pela dominação; e a segunda, baseada no personagem mítico de Prometeu, que foi punido por Zeus pela partilha de conhecimento. Em escopo mais amplo, a segunda é aberta ao outro de seu mundo, ao passo que a primeira tem uma postura autorreferenciada. Que tipo de homens (e mulheres) pós-orgânicos estamos nos tornando na contemporaneidade? Creio que somente conseguiremos fazer essa leitura daqui a trinta anos.

De fato, esta nova situação de pandemia nos lançou definitivamente nas redes sociais, não apenas para vermos e sermos vistos, mas para vivermos de outra forma. Em tempos de isolamento social, não só os relacionamentos pessoais permaneceram nas redes. Entraram nelas, definitivamente, todas as atividades presenciais básicas de nosso dia a dia, desde as compras básicas e o trabalho até o serviço religioso e a prestação de serviços em geral. Para aqueles que podem, é claro, a vida passou a ser movida no mundo virtual.

A pergunta que nos faremos em algum momento é: esse mundo virtual supre a necessidade ontológica de afeto e socialização que trazemos conosco? Creio não precisar esperar tantos anos para responder a esta pergunta. A resposta é não. O que é emergencial não poderá tornar-se definitivo por compulsoriedade. Uma coisa é querermos estar no mundo virtual e tê-lo como ferramenta para um período; outra, é estarmos obrigados a estar nele por uma imposição de limitação de liberdade que os tempos atuais exigem. Quanto ainda teremos de ressignificar nossos conceitos de relações?

Não por acaso, os profissionais de psicologia e psiquiatria criaram a possibilidade de atendimento virtual àqueles que viviam isolados em seus meios sociais e que agora estão obrigados a se isolar definitivamente. Há algo em nós que continua a solicitar o afeto presente e a partilha do diálogo, do olho no olho, do toque, para sentirmos a presença do outro.

Positivamente, poderíamos pensar que as redes sociais ainda não conseguiram (e creio que não conseguirão) anular o que nos distingue como pessoas: a sociabilidade. Não são raras as reportagens sobre o tema e iniciam-se agora as campanhas publicitárias de avós sem netos, filhos sem mãe, amigos sem amigos, professores sem alunos, chamando nossa atenção para o essencial das relações. Também há campanhas de gestos concretos de solidariedade para com os menos favorecidos, bem como de reconhecimento do pessoal da saúde que está no *front*.

A esperança é que, estarmos TODOS envolvidos no mesmo risco, nos suscitará o olhar para fora de nós mesmos, lembrando-nos de que, sem um trabalho conjunto, não será possível a sobrevivência. Talvez daqui a alguns anos consigamos afirmar que, apesar de todos os transtornos e adaptações a que todos estamos submetidos no momento, foi a obrigação de literalmente pararmos que nos deu a possibilidade de sentirmos falta do que efetivamente somos, das relações que temos, da volta aos núcleos familiares e da retomada do exercício de solidariedade.

E como sairemos de tudo isso?

Não é pouco nem irônico lembrar que tudo isso vai passar. O custo será alto, seja pelo número de vidas perdidas de pessoas caras a nós, seja pelo desastre financeiro do qual levaremos muito tempo para nos recuperarmos. A exemplo das crises passadas, iremos nos reerguer psicológica e financeiramente, mesmo que a longo prazo.

Diante desta nova situação, somos impulsionados a sair melhores. A crise deveria ser auxílio para um despertar de nossa solidariedade com nossos vizinhos idosos, com as pessoas mais vulneráveis da sociedade, com os doentes que estão nos hospitais. Quem tem o privilégio de ficar em casa e viver de suas reservas, vai ter que sair da zona de conforto de uma vida determinada pelo ritmo da modernidade e se refazer para a nova convivência integral com crianças e idosos antes entregues a babás e creches ou aos cuidadores. Aqueles que não têm essa possibilidade, se sobreviverem, deverão sair mais conscientes das ausências das estruturas para com eles. Esperemos que esta crise nos chame a deixar nosso lugar social de filhos, pais, mães, netos, sobrinhos, professores e cidadãos para assumirmos a função social implícita que cabe a cada um.

Nossa função social nos lembra de que, aquilo que somos, é sempre muito mais amplo do que as funções que somos chamados a exercer. A necessidade real do outro retoma as atividades básicas. Em família, precisamos escolher um que vá às compras, um que limpe, um que prepare a alimentação; no trabalho, precisamos mais do que nunca atuar em "rede", que é outra forma de estarmos juntos; nos condomínios, observamos quem pertence a grupos de risco e aqueles com mais idade que não podem nem devem sair. No âmbito religioso, estamos tendo a possibilidade de perceber outras essencialidades da vida cristã para além do culto, cuja ausência física deu visibilidade a milhares de obras pastorais às quais somos chamados a ser solidários na prática.

Creio que esta vai ser a grande lição da atual crise: lembrarmos que precisamos do outro e que estamos descobrindo novas formas de nos fazermos próximos.

Passamos por crises maiores. A gripe espanhola matou mais de cinquenta milhões de pessoas, ainda mais com os raros recursos existentes à época. Proporcionalmente, considerando hoje a população do planeta (7,5 bilhões), teríamos aproximadamente 200 milhões de mortes. Seguramente, e esperemos em Deus, não chegaremos a tanto, sobretudo se conseguirmos colaborar com as autoridades sanitárias e elas conosco. Resta-nos ainda, além de colaborar com as autoridades sanitárias, colaborar com nós mesmos na atenção ao crescimento pessoal e às novas prioridades de vida que necessariamente serão revistas; assim como nas formas de nos relacionarmos, a fim de recuperar o valor da partilha, a abertura ao serviço e a importância da presença, que, mesmo virtual, nos impulsiona ao presencial, ao abraço proibido, ao toque suspenso pelo momento.

Além das mudanças pessoais, deveremos pensar nas referentes à sociedade como um todo. Se houve um ganho neste processo, foi revelar que esta sociedade e os sistemas que temos estão falidos e não possuem uma solução de continuidade que nos ajude a integrar nossas dimensões humanas no processo da história.

Nas mesmas redes sociais, circula uma postagem com o seguinte dizer: "Não podemos voltar ao normal, porque o normal era exatamente o problema. Precisamos voltar melhores.

Menos egoístas. Mais solidários. Mais humanos". Contraditoriamente, a mesma rede nos despersonalizou e agora nos chama a voltar-nos a nossa essência humana.

Que sentido novo encontraremos para nossas vidas, para nossa sociedade atual? Creio que, se quisermos, há uma gama enorme. Entretanto, claro está que esta pandemia nos dá um sinal nítido de que, como estamos, não podemos continuar. Ou mudamos, ou vamos engrossar o cortejo daqueles que cavam as próprias sepulturas. Esperemos que esta crise nos purifique, mostrando-nos o que vale e o que não vale. E pessoas jamais perderão a validade!

CAPÍTULO VII

Entre a informação e a "infodemia": a Covid-19 e as mídias

Magali do Nascimento Cunha

A comunidade humana já viveu muitas situações dramáticas de crises causadas por pestes, infecções e contaminações, em épocas remotas e em tempos recentes, mas nunca uma epidemia foi classificada como "pandemia global", como o fez a Organização Mundial de Saúde (OMS) em relação à Covid-19, em 11 de março de 2020.

Uma pandemia é uma crise na saúde pública, em que uma doença se propaga pelo mundo de forma rápida e simultânea. É o caso da Covid-19: enquanto novos casos são confirmados em um país de determinado continente, tantos mais aparecem em outro, em escalada intensa. A pandemia mais recente registrada pela OMS foi a gripe suína (H1N1), em 2009, que infectou milhões de pessoas no mundo.

Ao tornar pública esta classificação, a OMS já lidou com uma questão de comunicação: ao usar a palavra "pandemia", o organismo expressa um termo que assusta e pode gerar uma ideia de que o processo está fora de controle. Porém, ao declarar o novo coronavírus como uma pandemia, a OMS não está simplesmente apregoando o alcance de um número expressivo de casos, mas também chamando a atenção para a força e a rapidez com as quais a doença se espalha e atinge a humanidade globalmente.

Para a OMS, o uso do termo "pandemia" serve mais para destacar a importância da cooperação e coordenação de ações entre os países do que uma mudança prática na estratégia do combate. "Precisamos trabalhar como uma frente unida nos esforços para controlar essa situação", declarou, ao jornal *The Guardian*, Nathalie MacDermott, do Instituto Nacional de Pesquisas para a Saúde do Reino Unido.

A ideia de globalização surgiu no final dos anos 1980 para expressar o processo intenso de integração econômica e política entre países no mundo, tornado possível pelas mídias digitais e pelo avanço nos sistemas de transporte. Com essas tecnologias de comunicação e de trânsito, foram rompidas fronteiras dos mercados, das culturas, da política, da educação, em todos os continentes. Alguns países se mostraram mais engajados nesse processo, outros menos, mas todos vivem as consequências dele. E agora a saúde está incluída na lista das fronteiras rompidas.

Apesar de ser uma ideia recente, a globalização é algo experimentado desde muito tempo. Muitos estudiosos datam o início dela na era das navegações, ou no processo de expansão colonial da Europa pelos mares. Na primeira metade do século XX, o filósofo canadense, estudioso das mídias eletrônicas, Marshall McLuhan usou o termo "aldeia global" para falar como o rádio, a TV e o cinema encurtaram distâncias e aproximaram pessoas e povos. Dessa forma, o fenômeno da globalização que estamos vivendo nas últimas três décadas, pelo menos, em que basta um cartão de crédito internacional ou uma conta de acesso à internet para termos acesso ao que acontece no globo, seria a expansão de algo já vivido há muito tempo por parcela significativa da humanidade.

Entretanto, esse processo tem avaliação crítica de estudiosos e de movimentos sociais. A questão é que a globalização gera benefícios e vantagens apenas para as elites econômicas e para os países mais ricos, promovendo a exclusão de populações empobrecidas e de blocos de países do mundo. Além disso, o olhar crítico considera que a globalização foi construída com base nos padrões da civilização europeia, em seus valores e ideologias.

Os críticos vão além de um discurso meramente oposicionista e propõem a globalização como possibilidade, como outra globalização, mais justa e igualitária. Desse ideal surgiram movimentos como o *Occupy Wall Street* e o Fórum Social Mundial.

É nessas bases que, quando a OMS expõe a Covid-19 como uma pandemia global, chama a atenção para consequências dramáticas da globalização e para a importância da cooperação e da coordenação de ações entre os países. O fato é que a pandemia pôs em xeque os sistemas de saúde do mundo inteiro, desmascarando exclusões sociais, descasos e ineficiências. É um golpe também nas economias, estas mesmas globalizadas, centradas na lógica do mercado financeiro e do lucro.

E neste contexto estão as mídias, agentes de dinamização da globalização e componentes destacadas no processo da pandemia em dimensões positivas e negativas, objetos da reflexão deste capítulo.

Aqui vamos tratar do lugar das mídias na crise global do coronavírus sob três vieses: 1) a disseminação de informação pelas mídias noticiosas: sobre o quadro local e global da Covid-19 e suas projeções, sobre as orientações de autoridades e as medidas de prevenção de novos casos, sobre as formas de superação das consequências agudas na economia e na vida cotidiana das populações e sobre a denúncia das posturas e decisões equivocadas de agentes públicos; 2) o paradoxo do papel das mídias digitais: a positiva facilitação da vida diante do forçado isolamento social e, ao mesmo tempo, a negativa explosão de desinformação, em especial com a disseminação de *fake news*; 3) como a Covid-19 está transformando a própria dinâmica das mídias e seu futuro.

A disseminação de informação pelas mídias noticiosas

Historicamente se compreende que os meios de comunicação prestam serviços relevantes para a sociedade em tempos de crise e de perigo iminente. O amplo alcance dos jornais, da televisão e do rádio permite que mensagens informativas e orientadoras cheguem até as pessoas que, de outro modo, não teriam condições de obter as informações preventivas e de alívio durante situações de emergência. São vários os exemplos do lugar das mídias, em especial as noticiosas, na provisão de informação e de orientações para sobrevivência e socorro nos casos de desastres naturais, de guerras, de epidemias. Com a internet e as facilidades da comunicação instantânea, essa prestação de serviço ficou mais facilitada e evidente.

Na crise da Covid-19, isto pode ser observado. Estações e redes de TV e de rádio, jornais e revistas, impressos e digitais, proporcionam cobertura da pandemia em tempo integral. Oferecem ampla informação sobre os casos no mundo, com destaque para as coberturas locais; tratam das medidas preventivas das autoridades locais e globais (OMS, especialmente), das ações curativas providas pelos Estados, das formas de autopreservação a serem adotadas pelas populações e das denúncias de descaso e de ações equivocadas de agentes públicos.

No Brasil, um fator importante é o acompanhamento das subnotificações. Mídias noticiosas levantam os casos "em investigação" e os casos "sob suspeita", que não aparecem nos números oficiais de pessoas contaminadas e de óbitos, e os adicionam aos informes diários da pandemia no país. Dessa forma, colaboram para a informação mais próxima da realidade.

O fator político ficou bastante marcado na cobertura noticiosa no Brasil. Isto por conta de o governo federal ter-se dividido no enfrentamento da pandemia, com boa parte do gabinete ministerial acompanhando as medidas de prevenção e curativas indicadas pela OMS, e outra parte seguindo o presidente da República Jair Bolsonaro, que minimizou os efeitos da pandemia e tornou-se crítico da medida de isolamento social, a qual classificou como "gripezinha". A maior parte das mídias noticiosas realizou uma cobertura crítica da postura do presidente, enquanto algumas, entre elas três redes de TV (SBT, Rede TV e Record), apoiadoras e recebedoras de verba de publicidade do governo federal, suavizaram a crise política em torno da pandemia em suas abordagens.

Um elemento importante é que o presidente Jair Bolsonaro, que tem por prática comunicar-se diretamente com a população por contas próprias em mídias sociais, passou a ocupar mais intensamente as mídias tradicionais, rádio e TV, durante a pandemia, com pronunciamentos oficiais que variaram entre expressar a sua posição controversa e apregoar unidade no enfrentamento da pandemia.

Considerando-se os presidentes desde a redemocratização pós-ditadura militar (1985), Bolsonaro é o mandatário que mais falou em rede nacional de rádio e TV em seus quinze primeiros meses de mandato. Desde 2019, o ex-capitão fez nove pronunciamentos à nação: foram quatro de janeiro a meados de abril de 2020, todos com discursos relacionados à crise do coronavírus. Entrevistas exclusivas a jornalistas e programas de rádio e de TV que lhe manifestam apoio também foram mais frequentes no período.

Autoridades globais, como as lideranças da OMS, e locais, como lideranças de governos federal, estaduais e municipais, lançaram mão do recurso das entrevistas coletivas diárias, o que tornou possível que vozes oficiais estivessem em permanente contato com a população, prestando contas do cuidado com a pandemia e suas consequências.

A preocupação com a economia, elemento sempre destacado na cobertura noticiosa das grandes mídias, que são, afinal, empresas de grandes grupos de comunicação, é temática marcante no noticiário. A debilitação da indústria, do comércio e dos serviços, que foram afetados pelas medidas de isolamento social e pelo afastamento de funcionários doentes, exigiu medidas dos governos para mantê-los em atividade, bem como para socorro aos trabalhadores/as com risco de desemprego. As decisões em nível federal, estadual e municipal foram minuciosamente expostas e debatidas no noticiário; no entanto, os debates mantiveram o tom da perspectiva (neo)liberal abraçada pelas grandes empresas de comunicação. Entre os economistas entrevistados e/ou participantes de debates predominam (em algumas redes são a totalidade) aqueles que defendem o Estado mínimo; desta vez, exercitando admitir a afirmação do Estado no controle da economia por um sistema de pleno emprego.

Nesse sentido, por mais que as empresas de mídia disseminem a informação sobre a economia na perspectiva (neo)liberal que defendem, elas foram forçadas, consequentemente pelo fato de a pandemia ter evidenciado a fragilidade das políticas econômicas predominantes, a dar lugar no noticiário brasileiro a grupos humanos frequentemente desprezados (invisibilizados ou minorizados) em suas pautas.

Passaram a protagonizar as telas, os áudios e as páginas de notícias as populações das periferias das cidades, dependentes de transporte público (precário), os/as moradores/as de rua, os/as habitantes das favelas e de áreas periféricas (com péssima infraestrutura), o extenso número de trabalhadores/as informais, resultado das políticas de diminuição de direitos trabalhistas. Nunca foi possível à audiência das mídias noticiosas saber tanto sobre a realidade dessas parcelas sofridas da população como tem sido neste tempo de pandemia. Essas pessoas ganharam, inclusive, voz nos microfones e nas aspas dos textos noticiosos.

As grandes mídias noticiosas brasileiras, na Convid-19, parecem estar mais cuidadosas para não gerar pânico. Houve o caso da epidemia urbana de febre amarela, em 2009, durante a qual a imprensa demonstrava um grau de incerteza muito alto e apregoava: "Todos devem se vacinar". Houve pessoas que acabaram se vacinando mais de uma vez, houve reação à vacina, algumas morreram, e houve o fim do estoque no Brasil, porque o país exporta vacina de febre amarela para outros países e não conseguiu atender à demanda nacional.

Em 2020, as redações passaram a trabalhar com horas extras para manter o público informado, com reportagens objetivas, com fontes qualificadas fornecendo contexto e perspectiva, com base em conhecimentos históricos e institucionais. As audiências aumentaram. Além das reportagens, as pessoas leem, ouvem e assistem a análises e comentários, vídeos e explicações, e tudo colabora para a compreensão da crise que tem rápida evolução e alcance.

Esse trabalho do jornalismo impresso e televisivo tem obtido significativo reconhecimento da população no Brasil. Uma pesquisa do Instituto Datafolha, divulgada em 23 de março de 2020, mostra que os brasileiros veem as TVs e os jornais como fontes confiáveis na divulgação de informações sobre a pandemia de coronavírus: eles têm, respectivamente, 61% e 56% de índice de confiança, seguidos do rádio, com 50% e dos sites de notícias, com 38%.

Em 20 de março havia sido divulgado um estudo internacional da agência de comunicação *Edelman*, realizado em dez países, incluído o Brasil, que mostrou que os veículos da grande imprensa apareciam como fonte de informação confiável para 64% das pessoas.

Antes da crise de pandemia global, havia uma tendência de baixa credibilidade do jornalismo e das fontes de conhecimento, como a ciência, fruto de campanhas políticas de extrema direita, na Europa e nas Américas do Norte e Latina, que desqualificam estes setores sociais. Tal quadro parece ter-se revertido com a ação das mídias noticiosas e das agências científicas ante a Covid-19.

O paradoxo do papel das mídias digitais

A era da comunicação que alimenta toda a dinâmica da globalização é marcada por realizações tecnológicas que, há poucas décadas, eram imagináveis apenas nos filmes de ficção.

As transformações na capacidade humana de comunicar têm tornado possíveis mudanças em diferentes aspectos relacionados à vida humana: nos relacionamentos, nos atos de informar e de buscar informação, na educação, no lazer, no consumo. Nessas mudanças, o receptor torna-se protagonista – papel que até poucas décadas atrás era do emissor.

Nos novos tempos, essa característica do receptor se intensifica por conta dos processos de interatividade. Significa que receptores passam a desenvolver a capacidade de se tornar emissores e também de se relacionar mais intensamente com emissores. Há dois elementos que marcam essa dinâmica sociocultural e econômica: os computadores (particularmente a internet) e o telefone celular.

Fomentando e transformando essa dinâmica, surgem a todo tempo ferramentas digitais que facilitam a ação dos usuários-emissores: os websites, os blogs, os podcasts, os wikis, os fóruns de discussão, as mídias sociais; os quais, por sua vez, não funcionam pela centralização da informação, são ligados a grandes empresas de comunicação digital, não se limitam a apenas enviar informação, não estão necessariamente ligados à publicidade e ao *marketing* que pagam boa parte das emissões, não são concessões do Estado nem se limitam a uma cobertura geográfica precisa.

Essa cultura da participação que as mídias digitais promovem transformou os processos de comunicação, com a possibilidade ampliada de acesso a diferentes ideias e opiniões e de recriação de mensagens.

Em situações de desastres naturais, guerras e epidemias que afetam a vida de muita gente, essa alta capacidade de comunicar pelas mídias digitais têm exercido papel fundamental na disseminação de conteúdos informativos e formativos responsáveis pela salvação de muitas vidas. Pessoas são avisadas e orientadas de forma mais ágil e efetiva sobre ações da natureza que podem interferir em coletivos humanos, sobre ataques de grupos inimigos ou sobre contaminações a que podem estar sujeitas.

No caso da Covid-19, as mídias digitais protagonizam diversas situações de superação dos efeitos da doença. Elas têm papel importante na comunicação direta de quem atua na prevenção e na contenção da doença: a informação e a orientação que chega às telas de *smartphones*, na palma da mão de milhões de pessoas. Empresas jornalísticas tornam seus conteúdos com maior alcance ao disponibilizar acesso gratuito aos conteúdos sobre a Covid-19.

Outra dinâmica em destaque é a possibilidade de superar o isolamento social com a realização de interações virtuais. O contato interpessoal, entre famílias e amigos separados pelo risco de contaminação, foi tornado possível por aplicativos de mídias sociais e de mensagens instantâneas. Até mesmo festas virtuais passaram a ser criativamente realizadas com ampla participação.

Instituições religiosas que tiveram seus espaços de celebração da fé fechados, por força da lei ou por apoio às medidas preventivas, fizeram uso dos aplicativos de transmissão ao vivo para suas mensagens chegarem aos fiéis. No campo cristão, a tradicional celebração da Semana Santa (7 a 12 de abril de 2020) ficou marcada pelos templos e pelas ruas vazios e pelos rituais mediados pelas mídias digitais.

O chamado *home office* (trabalho remoto) foi tornado possível para um expressivo número de trabalhadores que atuam em serviços de escritórios, por meio de diversos aplicativos digitais, e o trabalho conjunto também, facilitado por *softwares* de videoconferência. As vendas de produtos, os mais variados, e os serviços de entregas em domicílio, popularizados há alguns anos, por meio de mídias digitais, ganharam intensidade durante a quarentena preventiva.

O entretenimento por via digital em tempos de isolamento social também foi potencializado. Além dos já conhecidos serviços de *streaming* (plataformas digitais que oferecem filmes, séries, documentários, *animes*), artistas da música, do cinema e do teatro, impossibilitados de apresentar seus espetáculos nas casas fechadas pela prevenção de contaminação, passaram a se apresentar, gratuitamente, em espaços alternativos nas mídias digitais, as chamadas *lives*.

Eis, portanto, uma lista de situações em que as mídias digitais prestam serviços à população global no enfrentamento, especialmente, dos efeitos da crise da pandemia de coronavírus.

Entretanto, paradoxalmente, essas mesmas mídias, por capacitarem usuários na produção e na emissão de conteúdos, são fonte de ampla divulgação de material desinformativo, principalmente das chamadas *fake news*.

Notícias sobre epidemias, desde muito tempo, afetam as pessoas, povoam o imaginário, porque têm relação com morte repentina, com muitas pessoas morrendo da mesma causa ao mesmo tempo. Isso gera medo, pavor, e tem um potencial de mobilização muito forte. Ao mesmo tempo que leva pessoas a buscar informação correta e colaborativa, leva também à produção de mensagens mentirosas, de má-fé, exageradas, manipuladas, imprecisas. Isso é desinformação.

"Temperaturas acima de 26ºC matam o coronavírus"; "Vinagre é mais eficiente que álcool gel para desinfetar as mãos"; "Basta usar máscara e estamos protegidos"; "Gargarejos, vitamina C e água quente com limão ajudam a prevenir a Covid-19"; "As ondas de rádio das torres de tecnologia 5G causam mudanças no corpo das pessoas, que ficam mais vulneráveis ao coronavírus"; "É apenas uma 'gripezinha'". Estes são alguns dos conteúdos que têm circulado em grupos de WhatsApp, em perfis do Facebook, do Instagram e do Twitter, sendo tratados como verdades orientadoras para muita gente. Além destes, circularam outros com tom mais político, com desqualificação das lideranças da OMS, do Ministério da Saúde do Brasil, da China (país onde o novo coronavírus teria se originado).

Muitas pessoas acreditam nesses conteúdos por causa do medo e vários deles apresentam soluções mais simples para enfrentá-lo. Outras creem neles por abraçarem o discurso político da extrema direita de descrença na ciência, que desqualifica os conhecimentos científicos com base em opiniões.

Por exemplo, há quem afirme: "Eu não quero acreditar que a Terra é redonda. Quero acreditar que a Terra é plana. Não é necessária nenhuma evidência, simplesmente acredito". Quando defender um conteúdo é uma questão de vontade, fica difícil contestá-lo, mesmo apresentando evidências. A isto se somam outros elementos, como a descrença nas autoridades públicas, e que políticos sempre ganham com alguma coisa, mesmo com o enfrentamento de uma doença, que pode ser até "inventada por eles" para faturarem com ela ou prejudicarem algum concorrente.

Essa situação levou a OMS a alertar que não há apenas uma crise de saúde pública e da economia com o coronavírus, como também uma crise informacional, uma "infodemia": a desinformação que se espalha e sabota a confiança do público em momentos cruciais de combate à pandemia, fazendo com que pessoas não adiram ao isolamento social nem adotem as medidas preventivas corretamente. De igual forma negativa é a transmissão excessiva de conteúdo informativo sobre a pandemia, que acaba por criar pânico.

Empresas de mídias sociais têm tomado providências para combater a disseminação de desinformação em torno da pandemia: Google, Facebook, Twitter e Microsoft já declararam que atuam em conjunto com as autoridades nacionais e internacionais de saúde para transmissão de informações verificadas. Isto representa uma mudança de paradigma ao que era feito pelas plataformas ao deparar-se com desinformação *online*, passando a ter ações mais imediatas.

O próprio presidente da República do Brasil, Jair Bolsonaro, teve duas publicações apagadas pelo Twitter em março de 2020, por representarem desinformação, contrariando recomendações de saúde. Bolsonaro assumiu a postura de se opor às orientações e defender o fim do isolamento social, principal medida indicada pela OMS e apoiada pelo Ministério da Saúde do Brasil contra a propagação do coronavírus, e postou mensagens sobre isto.

Já nas plataformas privadas, como WhatsApp, Facebook Messenger e WeChat, a transparência limitada torna difícil a atuação da autorregulação das plataformas e a checagem de informação por indivíduos. O WhatsApp diminuiu para um usuário a quantidade de compartilhamento de mensagens e disponibilizou, em parceria com a OMS, o Unicef e o PNUD, um site para ajudar seus usuários contra o coronavírus. Disponível no endereço https://whatsapp.com/coronavirus, o espaço de informações fornece dicas de saúde, além de orientações sobre como utilizar o WhatsApp da melhor forma durante o período de quarentena e evitar a disseminação de *fake news* em relação à pandemia.

No Brasil, o Ministério da Saúde publica em seu site, com o selo "Fake News", diversos boatos que circulam na internet sobre o coronavírus e os desmentidos (disponível em: https://www.saude.gov.br/component/tags/tag/novo-coronavirus-fake-news).

Várias iniciativas de universidades buscam contribuir com a prevenção e a cura da "infodemia". Um exemplo é o "Coronavírus em xeque", uma iniciativa de produção de conteúdos do Programa de Pós-graduação em Comunicação (PPGCOM), da Rádio Universitária Paulo Freire 820 AM, da Universitária FM 99.9 e do Observatório de Mídia (Obmídia) da Universidade Federal de Pernambuco.

O "Coronavírus em xeque" são interprogramas (*drops* em áudio de aproximadamente três minutos) com análises e orientações sobre informações que circulam sobre a pandemia nas redes sociais; além disso, disponibilizam um *podcast* semanal de artigos e de relatórios. No *hotsite* do "Coronavírus em xeque" também podem ser encontrados *links* para acesso a agências e aplicativos de checagem, bem como a outras iniciativas de enfrentamento à desinformação sobre a epidemia. O "Coronavírus em xeque" está disponível em: http://bit.ly/coronavirus-em-xeque.

Como a Covid-19 está transformando a própria dinâmica das mídias e seu futuro

Como indicado anteriormente neste capítulo, a internet e o espaço digital se consolidaram, no contexto da pandemia global do coronavírus, como mídia popular. Isso foi determinado pelas medidas de isolamento social e suas consequências para relacionamentos, para o trabalho, para o consumo, para o entretenimento. As populações empobrecidas, frequentemente esquecidas ou minoradas no noticiário, ganharam espaço e voz por conta da pandemia.

É possível identificar ainda outras transformações provocadas pela realidade da Covid-19 na dinâmica e no futuro das mídias (e este capítulo recorre a algumas ideias compartilhadas pelo prof. Pedro Aguiar, do Instituto de Artes e Comunicação Social, da Universidade Federal Fluminense).

Na TV, a gravidade do coronavírus foi refletida, no Brasil, pela decisão inédita e histórica da Rede Globo de suspender a gravação de novelas que já estavam no ar, no meio da trama, bem como pela suspensão de programas transmitidos ao vivo nas manhãs e pela alteração de sua grade de programação de forma radical, nunca antes experimentada. A Rede Record também suspendeu a gravação de novelas, tirou do ar o Programa Xuxa Meneghel, um de seus maiores trunfos de audiência, e deu férias a apresentadores idosos do popular Balanço Geral. A Rede Bandeirantes, que investe fortemente na programação de esportes, foi buscar os desenhos clássicos japoneses dos anos 1980 – Jaspion, Jiraya e Changeman – para preencher a grade, por tempo indeterminado. O SBT, rede conhecida por mudar a grade de programação frequentemente, cancelando programas sem dar satisfações ao público, e estreando outros de uma hora para outra, demorou, mas também aderiu às mudanças.

Todas as TVs ampliaram o espaço do jornalismo, estendendo e emendando telejornais. A Rede Globo até criou um telejornal específico para tratar do coronavírus. Chamou a atenção a mudança no uso dos microfones pelas equipes de jornalismo televisivo: em vez de saírem com um microfone principal e um sobressalente, como de praxe, passaram a levar vários aparelhos, para trocar e higienizar entre cada entrevistado. Também deixam os microfones nas mãos dos entrevistados, algo que parece banal, mas muda o discurso oral das pessoas entrevistadas, já que podem controlar o tempo e não esperar mais o "corte" repentino do repórter, ao puxar de volta o microfone sob seu poder.

O período da pandemia do coronavírus foi marcado pela estreia da CNN Brasil. Por sinal, a nova emissora jornalística de TV paga estreou justamente no fim de semana em que se deu a mudança de atitude social em relação à pandemia no país (14-15 de março de 2020). Tornou-se um exemplo de plano de mídia certo na hora errada. A CNN Brasil se programou para estrear com festa, alegria, tom positivo, mas acabou tendo que cobrir uma pandemia com doentes graves e mortes. Além disso, optou por ser "suave" politicamente, buscando agradar às diferentes tendências, deslizando para o jornalismo "chapa branca", o que foi muito negativo no exato dia 15 de março, quando uma manifestação de apoio ao presidente Jair Bolsonaro foi convocada para sair às ruas, e ele foi visto como irresponsável e inconsequente, ao romper o isolamento e interagir com manifestantes.

* * *

Ao ser classificada como "pandemia global", a Covid-19 insere-se na lógica da globalização e demanda cooperação e coordenação de ações entre os países para trabalharem unidos no controle da grave situação que atinge todos os continentes.

Assim como as mídias estão na base da dinâmica do processo de globalização, mais centrado na economia e nas culturas até então, são demandadas a cumprir o papel de prestadoras de serviços informativos e orientadores ao enfrentamento de uma doença de dimensão global.

Neste capítulo, é reconhecido que as mídias noticiosas têm exercido papel importante na disseminação de informação útil para a população no tocante à prevenção e ao enfrentamento da pandemia. É considerado também que as mídias digitais têm cumprido funções significativas na superação das limitações impostas pelo isolamento social.

No entanto, a ampla disseminação nociva de desinformação por essas mesmas mídias tem sido um elemento marcante nesse processo, causador do que é classificado pela OMS como "infodemia", que deve ser intensamente combatida.

Uma obra como a que o leitor tem em mãos é contribuição importante na reflexão que alimente a busca por uma comunicação das mídias que atue por uma globalização mais justa, igualitária e com mais saúde, direito de todos.

CAPÍTULO VIII

As interpretações religiosas para o novo vírus

Fábio L. Stern

Etiologia é uma palavra utilizada nas ciências da saúde para explicar o porquê de uma doença: sua origem e causas. Não é incomum, porém, que existam explicações para as doenças que ultrapassem as ciências da saúde. No caso das explicações populares, a socióloga Maria Cecília Minayo já havia atentado na década de 1980 para que, entre as populações mais simples e nas comunidades de favelas, muitas vezes as *etiologias religiosas*, ou seja, as explicações que as religiões dão às doenças, mesclam-se com as etiologias médicas. Pesquisas posteriores, porém, demonstraram que isso não ocorre apenas nas classes menos abastadas e instruídas da sociedade. Qualquer ser humano, de qualquer classe social, administra as explicações populares e científicas, gerando justificativas próprias que dão sentido às suas enfermidades.

Neste capítulo, serão apresentadas algumas das etiologias religiosas que ganharam maior destaque durante a crise pandêmica da Covid-19. A pandemia pegou o Brasil em um momento político de grande protagonismo dos pentecostais. Se no governo Temer os evangélicos faziam, em sua maioria, apenas oposição à Câmara dos Deputados, a partir de Bolsonaro eles passaram a ditar as políticas públicas, muitas vezes propondo ações que afrontaram diretamente a laicidade do Estado. Suas leituras sobrenaturais maniqueístas não apenas ganharam maior espaço na sociedade durante esse período, como também fomentaram o crescente ceticismo em relação às ciências, que passaram a ser perseguidas e estranguladas por cortes cada vez maiores do orçamento público. As leituras religiosas são mais legítimas que a ciência para diversos integrantes do governo Bolsonaro, mas também para muitos de seus apoiadores.

Na primeira metade deste texto, focaremos nas explicações que viralizaram nos meios cristãos de viés pentecostal. Para tanto, buscamos nas redes sociais Facebook e Twitter o tipo de justificativa que ganhou repercussão entre usuários dessas tradições religiosas. Ao final, direcionamos o foco aos espiritualistas, grupo que vêm crescendo no Brasil e que pode englobar pessoas de religiões muito diversas, como o espiritismo, a umbanda e o candomblé, além dos esotéricos e pessoas que possuem uma espiritualidade, mas não se consideram religiosas.

Foram desconsideradas as reações ao vírus de figuras religiosas que não apresentavam explicações do porquê espiritual por trás da pandemia. Por exemplo, não foram incluídas neste texto as falas do papa Francisco sobre o assunto, a revolta da monja Coen contra as políticas de Bolsonaro ante a pandemia, nem a mensagem mediúnica de Divaldo Franco no encerramento da 22ª Conferência Estadual Espírita da Federação Espírita do Paraná, porque elas não apresentam explicações para a doença, mas encaminhamentos aos fiéis de como passar pela epidemia de forma responsável.

Punição divina contra o *Porta dos Fundos*

Uma linha explicativa religiosa que tomou bastante proporção nas redes sociais pentecostais é de que Deus teria enviado o coronavírus para punir a suposta heresia do especial de Natal de 2019 do *Porta dos Fundos*. O filme *A primeira tentação de Cristo*, que retrata Jesus Cristo como homossexual, gerou, inclusive, ataques terroristas contra a sede da produtora no Rio de Janeiro, atingida por coquetéis *molotov* na véspera de Natal.

Essa linha explicativa está inclinada ao fenômeno mundial do cristofascismo, no qual uma parcela de cristãos considera que a maioria da população mundial já está perdida e, por isso, a única forma de resgatar a humanidade do suposto estado atual de degeneração seria a aniquilação de todos os infiéis. É um pensamento bélico, que incita a crimes de ódio pautados em leituras distorcidas e descontextualizadas da Bíblia.

Nesse sentido, embora o novo coronavírus tenha surgido na China, tenha contaminado muitos países de maioria cristã da Europa e tenha tomado a Itália, o coração do cristianismo, como o primeiro exemplo de um país que sucumbiu totalmente às mortes causadas pela pandemia, esses evangélicos brasileiros acreditam que todo sofrimento mundial é um efeito colateral da fúria divina por causa do filme brasileiro. Então, como acreditam que a maior parte da humanidade pode ser eliminada para se recuperar o mundo dos justos, celebram tais mortes, acreditando que eles próprios não serão atingidos pela doença, porque estão ungidos como os escolhidos de Deus. Muito mais importante que chorar as mortes mundiais é determinar que a palavra final de Deus, em sua força e onipotência, seja respeitada. Ou seja, para punir o *Porta dos Fundos*, Deus pode varrer a humanidade da face da Terra, pois assim as pessoas aprenderiam a nunca mais zombar das coisas de Deus.

Esse grupo também tem recorrido a estratagemas mágicos para se prevenir do vírus. Um exemplo foi observado em São Paulo, quando Valdomiro Santiago utilizou o Salmo 91 da Bíblia como método de unção de Deus para proteger seus fiéis da peste. Em outros casos, outros cristãos pentecostais seguem a mesma direção, quando evocam as passagens bíblicas de Êxodo 12,7; 12,12-13, que falam que Javé teria matado todos os primogênitos do Egito, mas poupado os hebreus por eles terem passado sangue de cordeiro no batente de suas portas. Assim, acreditam que, ao colocar imagens da cruz ou ungir os batentes de suas portas com óleo ou água benta, estariam suficientemente protegidos contra a contaminação pela Covid-19.

Punição divina contra homossexuais

Outra linha explicativa é a de que o novo vírus seria uma punição divina contra a aceitação de homossexuais. Esse tipo de explicação religiosa que atrela aos homossexuais a culpa de pandemias aparece no imaginário contemporâneo desde pelo menos 1980, quando a Aids se tornou mundialmente conhecida. Como inicialmente era um vírus vinculado a homens que fazem sexo com outros homens, nos Estados Unidos a associação do HIV ao comportamento sexual foi imediata. Numa sociedade de maioria cristã, que vê o sexo como algo problemático e pecaminoso, a relação entre sexualidade livre e pecado foi inevitável.

Posteriormente foi comprovado cientificamente que o HIV teve origem entre primatas na África, e que o vírus contaminou um ser humano pela primeira vez entre as décadas de 1910 e 1930. Todavia, a explicação religiosa da Aids como "punição divina" à suposta "degeneração sexual" dos *gays* nunca foi abandonada totalmente pelas religiões. Até hoje não é incomum encontrar cristãos, judeus e mulçumanos que acreditam que toda infecção sexualmente transmissível é uma forma de punição a comportamentos sexuais "desviantes".

A epidemia de Aids contribuiu muito para que os homossexuais passassem a ocupar hoje o mesmo lugar no imaginário cristão que as bruxas ocuparam durante a Idade Média. Eles se tornaram bodes expiatórios comuns no cristianismo, e problemas de ordem social (por exemplo, pobreza, fome, desigualdade, recessão, doenças, desemprego, criminalidade) são comumente atribuídos a eles, como se os homossexuais fossem a própria encarnação do mau ou seus agentes imediatos no mundo.

No caso específico do novo vírus, o pastor evangélico Perry Stone, dos Estados Unidos, disse ter ouvido vozes que lhe disseram que a Covid-19 é um "acerto de contas" de Deus. Nas palavras dele, as vozes lhe disseram que, ao legalizar o casamento *gay*, os países estariam expulsando Deus de seu território. Outro exemplo, dessa vez do meio judaico, foi o do rabino Meir Mazuz, que disse que a disseminação do coronavírus é uma retaliação divina à propagação de paradas do orgulho *gay*. Curiosamente, Mazuz acabou contaminado pelo novo coronavírus poucos dias após proferir tais frases.

Esse tipo de fala das autoridades religiosas levou, por exemplo, um casal *gay* a ser despejado da própria casa em Marselha, na França, porque o dono do imóvel acreditou que *gays* seriam mais propensos ao coronavírus do que o resto da população. Outro exemplo aconteceu na cidade de São Paulo, na zona Norte, onde uma família foi despejada ilegalmente de casa pelos donos do imóvel, que são da Assembleia de Deus, apesar de estarem com o aluguel em dia. O motivo: a filha da família é uma adolescente lésbica, e os pais aceitavam seu namoro com outra mulher. Por conta disso, acreditavam os assembleianos, elas estariam colocando os outros inquilinos em risco de contraírem a nova doença.

É interessante, assim como na explicação anterior, que esses clamores sobre a origem religiosa do vírus desconsideram que ele surgiu na China. Embora nunca tenha criminalizado a homossexualidade, a história da China com a população LGBT é complexa. A cultura chinesa valoriza o coletivo, diferente da cultura europeia, que prioriza a individualidade. Lá existe grande pressão social para que as pessoas se casem e tenham descendentes, para manter a linhagem familiar e o exército nacional. Como homossexuais não produzem filhos, apenas 5% da população LGBT chinesa vive sua sexualidade abertamente. No geral, mais de 70% dos homossexuais chineses se casam com um parceiro do sexo oposto para manter as aparências, e muitos vivem vidas duplas ou em celibato por causa do medo.

Mas se o novo vírus é uma punição de Deus à aceitação da homossexualidade, não faria mais sentido que a doença tivesse origem em locais como Portugal, Suécia ou Canadá? Esses são os países que possuem duras leis contra homofobia, permitem o casamento *gay* e a adoção de crianças por casais do mesmo sexo, fazem campanhas publicitárias específicas para essa população e proíbem legalmente a interferência das religiões nos direitos LGBT. Porém, até o fechamento deste livro, esses três países nem sequer estavam entre os dez mais atingidos pela pandemia global. Já a China, o Irã e a Itália, três dos mais afetados pelo novo vírus no mundo, nunca legalizaram o casamento *gay*. Aliás, a homossexualidade ainda é punível com pena de morte no Irã. Como, então, essa nova doença é uma resposta divina contra a aceitação de homossexuais?

Vírus criado pelo diabo para derrubar a sociedade

Se os dois grupos anteriores atribuíram a Deus a origem do novo vírus, há também alguns evangélicos que dizem que o diabo é o autor da pandemia. No Brasil, o caso mais famoso foi o de Edir Macedo, CEO da Igreja Universal do Reino de Deus, que disse que a epidemia é uma obra de satanás e que quem não teme o diabo estaria a salvo do novo vírus. Macedo foi amplamente criticado pelas autoridades de saúde do Brasil, tornando-se piada, inclusive, em jornais internacionais por sua postura negacionista.

Outro exemplo que adotou discurso similar ao de Edir Macedo foi o do pastor estadunidense Rodney Howard--Browne, na Flórida, que também disse que o vírus tem origens sobrenaturais malignas e que somente o trabalho das igrejas poderá prevenir a doença. Assim como ele, os pastores Lance Walnau, Roy Moore e Kenneth Copeland também adotaram discursos similares, com Copeland dizendo, inclusive, a mesma frase dita por Bolsonaro: que a Covid-19 "é apenas uma gripezinha". Esses pastores foram categóricos em declarar que o vírus é uma obra do diabo para desestruturar a sociedade e destruir as comunidades cristãs. Para eles, os jornais estariam causando pânico desnecessário ao aumentar o número real de contaminados pelo novo vírus.

Todavia, a realidade é outra: estima-se justamente o contrário daquilo que alegou Edir Macedo. Uma pesquisa feita no Reino Unido apontou que o número real de infectados pela Covid-19 no Brasil era onze vezes maior que os dados oficiais do governo, visto que há carência de testes por aqui. Isso ocorreu porque o país desmantelou as redes acadêmicas com os inúmeros cortes de investimento e bolsas na área científica durante o governo do Bolsonaro, deixando o país sem capacidade de produção de testes em larga escala, necessitando importar tais testes de países cuja ciência é forte e podem produzi-los para exportação.

Outro exemplo é o de Silas Malafaia, da Assembleia de Deus, que não disse abertamente que o vírus foi criado pelo diabo, mas endossou o discurso do pastor evangélico Perry Stone, citado na seção anterior. Perry Stone foi bastante contraditório naquilo que as vozes em sua cabeça, inspiradas pelo Espírito Santo, segundo ele, estavam falando sobre o novo vírus. Num primeiro momento, tais vozes disseram que a nova doença era Deus punindo os países por terem aceitado a homossexualidade, conforme discutido na seção anterior. Mas depois as vozes teriam mudado o discurso e passaram a lhe dizer que o vírus foi criado por satanás em um plano maligno de instituir o socialismo. O maior indício disso seria o próprio fato de o vírus ter surgido na "ditadura comunista chinesa", nas palavras do próprio pastor.

Como Silas Malafaia é um amplo apoiador de políticas de extrema direita, ele adotou essa visão de que o vírus não pode parar a economia, porque isso levaria ao colapso da sociedade capitalista. Não só isso. Fez piada com as medidas sociais implantadas no resto do mundo para que as pessoas ficassem em casa durante a pandemia, recebendo ajuda do governo. Nesse sentido, esse brasileiro considerou preferível que muitas pessoas morram durante a epidemia, para que a sociedade continue funcionando normalmente, do que a sociedade quebrar.

Acreditando no discurso evangélico dos Estados Unidos de que a nova doença veio para desestruturar as comunidades cristãs, Malafaia tentou até o último momento manter seus templos abertos mesmo durante a crise, alegando que as igrejas são serviços essenciais, operando como "hospitais espirituais" durante a crise. Por conta disso, em muitos estados o Ministério Público precisou entrar na justiça para emitir mandados de segurança forçando as Assembleias de Deus a fechar durante o período de distanciamento social. Além disso, Silas Malafaia acabou tendo *tweets* deletados de sua conta no Twitter por propagar informações que colocavam a população em maior risco de contaminação, além de ter seus canais no Telegram e no YouTube denunciados por conta de *fake news* sobre o vírus.

A teoria novaerista

Uma vertente novaerista vai de encontro à última explicação apresentada: ela acredita que o vírus veio para restaurar a sociedade, visando à chegada da nova era planetária. Essa linha retoma o discurso milenarista da década de 1970, declarando que este é um momento de regeneração da humanidade. A mensagem, amplamente divulgada via WhatsApp e Facebook nos meios esotéricos, umbandistas, novaeristas e espíritas do

Brasil, diz que espíritos de luz canalizados pelos médiuns novaeristas solicitaram que as pessoas não foquem nas políticas de Bolsonaro, que visam à separação, porque apenas unida é que a humanidade evoluirá.

O texto apresenta o índice real de suicídio em 2019, segundo a Organização Mundial de Saúde, segundo o qual, a cada quarenta segundos, uma pessoa se matou no mundo, e justifica isso por causa das chamadas "vibrações negativas". E então declara que somente através da unidade e do desenvolvimento pessoal as pessoas poderão ajudar umas às outras e o planeta. Isso é utilizado como uma justificativa ao vegetarianismo, dizendo que, aqueles que não adotarem esse estilo de alimentação, estarão indo contra a proposta de crescimento pessoal oferecida pelo universo neste momento.

Da mesma forma como os evangélicos acreditavam que estavam a salvo da pandemia pelo poder do Espírito Santo, a mensagem novaerista também erroneamente declara que somente aqueles que possuem "baixa vibração" serão contaminados, pois o vírus não teria empatia com pessoas de "alta vibração". Essa é uma informação que coloca em risco à população, pois gera uma falsa sensação de segurança naqueles que acham que estão "vibrando" corretamente, além de ferir preceitos básicos da bioética por responsabilizar os doentes pela pandemia. Além disso, é uma forma de minimizar as questões sanitárias e as políticas públicas de contenção de pandemia, colocando na cota do pensamento positivo toda a solução de um problema deveras complexo.

Para os novaeristas, o vírus veio para que o planeta despertasse, da mesma forma como teria acontecido com outros planetas na confederação intergaláctica. Indo ao encontro da crença novaerista de que todos somos responsáveis pelo que nos acontece, o texto diz que todo mundo que hoje sofre e morre pela Covid-19 escolheu encarnar neste momento, com o intuito de evolução espiritual. A noção de guerra espiritual entre forças do bem e do mal, que aparece nos discursos de vários evangélicos, também aparece nessa mensagem, ainda que ressignificada. Aqueles que sucumbiram ao vírus precisavam morrer, segundo essa explicação, para ajudar nessa guerra espiritual do outro lado.

A previsão apresentada nessa mensagem também afirma o óbvio: haverá uma recessão na economia mundial. No entanto, diferente do desespero dos pastores cristãos citados na seção anterior, essa mensagem considera que essa quebra do *status quo* forçará a humanidade a trabalhar em grupo, pensando de forma menos individualista.

Sobre o fato de a Itália e a Espanha terem sucumbido de forma brutal à pandemia, a mensagem responsabiliza isso pelo *karma* dessas civilizações: o Império Romano fez muito mal a muitas pessoas, e a Espanha dominou brutalmente a América do Sul através do genocídio das populações indígenas. O fato de Portugal ter feito a mesma coisa com o Brasil é ignorado na mensagem. Além disso, como na Nova Era há uma crença generalizada de que as crianças são "puras", a mensagem perpetua uma *fake news* sobre a contaminação pediátrica: diz que quase 100% das crianças não pegam a Covid-19, algo que é refutado pelos próprios números de contaminados e mortos pela doença.

Assim como os evangélicos apresentam suas receitas mágicas para evitar o coronavírus, a mensagem novaerista também sugere uma série de mentalizações de cores e formas geométricas que teria o poder de evitar a contaminação. Além disso, diz que as forças negativas utilizam de dispositivos eletrônicos para trazer vibrações de medo e pânico à população, e por isso TV, celulares e computadores devem ser evitados nesse período. Em outras palavras, a mensagem ressignifica o mesmo discurso paranoico adotado por Edir Macedo, de que a mídia estaria incutindo o pânico na população e que o melhor é todos se alienarem do jornalismo profissional para superar a crise. A diferença é que essa teoria da conspiração foi adequada às crenças espirituais correntes da Nova Era nessa mensagem viral.

Vírus como resposta imunológica da Terra

Por fim, outra forma de explicação religiosa baseada nos discursos da Nova Era atrelou ao vírus o papel de "defesa natural" do planeta Terra contra o "vírus" que seria a raça humana. Como as práticas esotéricas perpetuadas pelos *hippies* da década de 1970 estão hoje muito mais difundidas na população, mesmo pessoas que não são esotéricas ou que não vivem um estilo de vida mais alternativo acabam também reproduzindo essa explicação. Não só isso, como a Nova Era não se autodeclara como uma religião, esse pensamento acaba, da mesma forma, penetrando em comunidades religiosas tradicionais, como alguns grupos católicos e evangélicos.

Essa linha de raciocínio religioso se pauta na teoria de James Lovelock, publicada pela primeira vez em 1972, na qual o autor britânico declara acreditar que a composição atmosférica do planeta Terra é diferente do que seria matematicamente esperado para um corpo celeste situado entre Vênus e Marte. Nesse sentido, Lovelock chegou à conclusão de que a Terra é um organismo vivo, que se autorregula visando sempre à perpetuação da vida. Quando algo ameaça a perpetuação da vida como um todo, o planeta utilizaria cataclismos e epidemias para corrigir a ameaça, mantendo o equilíbrio que permitiria a continuidade da vida.

O pensamento de Lovelock ficou conhecido como "hipótese Gaia" e foi amplamente difundido entre o movimento da Nova Era, esotéricos e religiões ecológicas de todo o mundo. Hoje, vemos um reflexo desse pensamento entre grupos religiosos de inclinação ecológica, que defendem o novo coronavírus como um agente autorregulador do planeta e como resposta ao suposto sistema imunológico de Gaia, visando combater os seres humanos que, por conta das ações de degradação ambiental e exploração predatória dos recursos naturais, ameaçam a perpetuação da vida como um todo. Para essas pessoas, o vírus veio para erradicar a vida humana da Terra, pois, sem os seres humanos, a natureza e a vida poderão seguir o seu curso e reencontrar a homeostasia natural.

O papel ambíguo desses agentes é destacável. Por um lado, eles são humanos, mas ao mesmo tempo criticam os seres humanos como sendo o problema do planeta, num discurso que distancia eles próprios do resto da humanidade. Torcem pelo fim da raça humana para que a vida possa prosperar, e muitos adotam posturas antinatalistas (ou seja, são contra a humanidade ter filhos) e priorizam os direitos dos animais aos direitos humanos. É, portanto, um tipo de pensamento religioso que pode beirar àquilo que é chamado de "ecofascismo": a humanidade – ou pelo menos uma parcela da população humana – *deve morrer* para que a ecologia prospere.

Sendo assim, é uma visão novaerista politicamente oposta à descrita na seção anterior, que visa ao coletivo e à unidade. Essa é uma explicação religiosa que, pautada no individualismo e na supremacia de determinadas nacionalidades e classes sociais, considera que uma parcela considerável dos seres humanos deve ser "descartada" (ou seja, morta) para que a vida possa prosseguir de modo mais harmônico.

Discussões

É comum, em tempos de crise, que leituras religiosas sobre os fenômenos naturais e fatos históricos emerjam com mais força. A luta entre o bem e o mal, que marca o fundo desse imaginário, desperta interpretações livres e até mesmo muito criativas dos textos sagrados e mitos religiosos. Contudo, tais interpretações podem estar eivadas de agendas escusas, por vezes formadas pelo preconceito ou até mesmo por interesses exclusivamente econômicos. São, em poucas palavras, formas de legitimar tais objetivos nefastos através da simbologia e do discurso religioso, oprimindo a população e endossando nos fiéis um sentimento de apoio às necropolíticas que, ao final da crise, terão levado muitos deles próprios à morte no Brasil. As leituras pentecostais revelam um limite teológico típico do fundamentalismo, negando e desconhecendo as possibilidades de distinção e relação entre ciência e fé.

Já as leituras esotéricas se apresentam travestidas de ciência, algo comum nos meios da Nova Era, e seduzem a população com essa aparência. Mas, ao leitor mais atento, é percebido que também a ciência foi descartada nesses meios. As soluções mágicas, decorrências imediatas que operam em paralelo às ciências no esoterismo, acabam por também colocar em risco o esotérico, que acredita que basta a força de vontade e o pensamento positivo para passar tranquilamente pela epidemia.

Os dois cenários aqui apresentados – pentecostais e esotéricos – demonstram que o discurso religioso, quando alienado da ciência, gera um campo muito propício ao aumento de uma epidemia. Ao se verem como mais importantes que a ciência em vez de complementares a ela, as religiões podem recorrer a um comportamento similar ao da Idade das Trevas. Foi o horror aos gatos, os quais os católicos acreditavam estar ligados à bruxaria, que levou a seu amplo extermínio durante a Idade Média, o que pode ter ocasionado a superpopulação de ratos que culminou na Grande Peste Bubônica. Essa epidemia medieval acabou por dizimar metade da população europeia em quatro anos, e seu pivô foi justamente a ignorância causada pela religião. Todavia, hoje a Igreja Católica demonstra ter aprendido a lição a duras penas, tanto que suas lideranças têm adotado discursos muito mais responsáveis e afinados com as autoridades mundiais da saúde.

Se as outras tradições olhassem para o histórico das pestes do passado e aprendessem com os erros e acertos das outras religiões que passaram por isso, elas poderiam contribuir efetivamente na vitória contra a crise em que o mundo se encontra atualmente. Entretanto, ao escolherem ignorar a história e a ciência, jogam seus fiéis nos braços gelados da morte, aumentando seus riscos de forma cruel e irresponsável.

PARA ONDE VAMOS?

INTERROGAÇÕES E SIGNIFICADOS

CAPÍTULO IX

Cura ou qual mundo queremos (re)construir?

Luiz Augusto de Paula Souza

Sobre a palavra *cura*

Cura é uma palavra polissêmica, tem vários significados e seus sentidos incluem e ultrapassam o emprego corriqueiro para designar a superação de uma doença: alcançar a cura, ficar curado, agir para curar a si ou a alguém, encontrar a cura para uma doença, uma epidemia, uma pandemia... Recuperar outros significados da palavra talvez seja útil para pensar a tormenta precipitada pela Covid-19, como também para pensar futuros que já se tornam potencialmente presentes; alguns aparentemente mais prováveis, outros com alguma chance de vingar.

Mas o que o presente delineia sob a tormenta sanitária, econômica e social do coronavírus? E como esse desenho, por agora apenas esboçado, dá notícias do futuro, daquilo que está deixando de ser o que é para se tornar outra coisa?

Aqui, a construção de possíveis respostas a esse tipo de indagação terá a ajuda de alguns significados da cura. Aliás, em alguns casos, de tão usuais esses significados às vezes passam despercebidos nos enunciados cotidianos. O psicanalista Renato Mezan, no livro *A vingança da esfinge*, explora alguns sentidos de cura. Sob sua inspiração, vale um rápido inventário dessas acepções.

Um alimento curado é aquele que passou por processo de desidratação, de retirada da água que o dilui. A ideia de cura aqui é a de concentrar propriedades para realçar, intensificar e caracterizar sabores e aromas.

Por sua vez, a Cúria é o lugar onde se reúnem os curas, que são os padres, aqueles que, na Igreja Católica, representam a palavra e a autoridade de Deus: a cura como representação, no caso, de potências divinas.

Em uma exposição de arte ou em um museu, a curadoria é sempre relevante; entre outras coisas, ela seleciona, organiza e escolhe os modos de dispor as obras. Essa cura é uma mediação entre as obras e o público que irá apreciá-las. Essa mediação tem influência em como o acervo será visto, lido, interpretado, e ela mesma (a mediação) já é um modo de interpretar e de (se) dispor ao outro.

Curar é também cuidar, proteger, defender. Ou essas não são atribuições de um curador de menores, por exemplo? Não cabe a ele, segundo os poderes jurídicos que lhe são atribuídos para a curatela, defender direitos, cuidar dos interesses e proteger os menores sob sua responsabilidade?

O brevíssimo inventário citado talvez já fosse suficiente para os fins deste capítulo, mas há ainda uma acepção, bem menos trivial, que precisa ser acrescentada, por nossa conta, à reflexão. Em certa perspectiva, cura é sinônimo de fé, não necessária ou obrigatoriamente de fé religiosa, embora ela também possa ter a ver com um sentido mais primordial de cura, aquele que agora evocamos. A fé que é sinônimo de cura é a fé na vida, em seu poder de curar para manter-se na existência, para superar ou contornar obstáculos, enfrentar intempéries e, sob determinados limites, adaptar-se às variações que a vida sofre ao longo do tempo e em função das relações com outras vidas, com os contextos e ambientes nos quais ela se efetua.

Esse significado de cura aproxima-se de um conceito fundamental da filosofia de Espinosa (filósofo holandês do século XVIII), o conceito de *conatus*: perseverar na existência por meio dos afetos, da potência ativa e bivalente dos corpos de afetarem e serem afetados por outros corpos. O *conatus* diz respeito ao fato de que a vida, até o limite de sua potência, insiste em desdobrar-se em mais vida, insiste em durar. Por conta de sua finitude, a vida persevera na existência, conquista sua duração a cada momento. Espinosa, na proposição 6 do livro III da Ética, arremata: "Cada coisa esforça-se, tanto quanto está em si, por perseverar em seu ser".

Se é assim, para os humanos a cura será sempre política; claro que não apenas, nem principalmente política institucional, profissional ou partidária. A cura será política, ou, melhor ainda, ético-política, porque a vida humana se dá sempre e necessariamente nas relações com o outro e com a vida coletiva, social, que fazemos estando juntos. Nesse sentido, a vida humana encontra suas condições de possibilidade na *polis*, na vida gregária de grupos humanos diversos; por isso, política, com tudo que implica de negociação, pactuação, dissensão, reconciliação, concessão etc. A política concerne a esse conjunto móvel, dinâmico das relações com o outro (todos os outros) e com o mundo, às posições que se assume – às vezes, que se é levado a assumir – em tudo aquilo que fazemos estando juntos, vivendo em sociedade.

A cura começa numa ontologia do presente

Então, qual a cura, ou, mais precisamente, quais as curas para a pandemia da Covid-19 e para os muitos efeitos políticos, econômicos e sociais que ela já traz, trará ou tornará mais intensos? Para começar, é bom rechaçar tentações à futurologia, ficar longe de exercícios furtivos. Ao contrário disso, a questão é da ordem de uma ontologia do presente, isto é, trata-se de escavar o presente para, ao menos, entender parte dos processos que o constituem e, agora, o colocam em vertigem, fazendo com que as disputas pelo amanhã se acirrem e ganhem novos contornos e variáveis. Oportunidade de colocar em análise graves problemas atuais, apontando aí o desafio ético e político de tomar posição e de agir para dar consistência a escolhas e rumos. Daí a pergunta: qual o mundo que queremos fazer emergir do mergulho no real que a pandemia precipitou?

Muitos autores, de diferentes áreas e orientações políticas, têm-se colocado essa questão. Várias respostas ou hipóteses apontam para a necessidade de enfrentar problemas que preexistem à pandemia e, em medidas variadas, participam de sua produção. Problemas desnudados sem qualquer pudor por um vírus para o qual ainda não tínhamos (temos) imunidade. Os problemas, de fato, são vários; destacaremos apenas um, que nos parece bastante central.

As vísceras do capitalismo, mais uma vez, estão expostas

A pandemia desnuda a miséria social do mundo; ficam ainda mais evidentes as contradições do sistema capitalista, no qual uma minúscula parcela de pessoas desfruta de um enorme conjunto de privilégios, escudada por uma camada média um pouco mais numerosa e que serve de amortecedor ideológico e social ao enorme contingente de trabalhadores pobres e, às vezes, miseráveis, que são os produtores das riquezas às quais nunca terão acesso. Essa lógica, que varia em intensidade e profundidade ao longo do tempo (da acumulação primitiva ao neoliberalismo atual), no essencial permanece inalterada.

No Brasil, embora a pandemia tenha começado com gente de maior poder aquisitivo para viajar ao exterior, a passeio ou a trabalho, os principais afetados pela Covid-19 são, claro, os mais pobres, aqueles que não podem praticar as medidas de afastamento social, seja porque não têm garantia de emprego para ficar em casa, seja porque não têm casa ou moram em condições precárias, com muita gente habitando sob o mesmo teto; gente que precisa continuar se expondo aos riscos de contágio, pois não tem outra opção a não ser ir trabalhar para comer e alimentar sua família a cada dia.

A situação chega a requintes de crueldade em nosso país, por exemplo, em carreatas da classe média e rica – bem protegida dentro de seus carros de luxo –, que pedem a suspensão das medidas de afastamento social, não para si, mas para que os trabalhadores voltem a produzir as riquezas que mantêm intocados seus privilégios de classe. Outro exemplo emblemático vem do primeiro óbito pela Covid-19 na cidade do Rio de Janeiro, o de uma empregada doméstica de 63 anos contaminada pela patroa recém-chegada de viagem turística pela Itália. A "madame" não lembrou de proteger a "serviçal".

Aos casos referidos acima, somam-se o negacionismo oportunista e estridente do presidente da República e de seus seguidores, e a falta de responsabilidade e de solidariedade para com o povo, de um governo federal que não se preparou nem age adequadamente para mitigar os terríveis efeitos que a pandemia já causa e continuará produzindo.

Apesar da enorme relevância do Sistema Único de Saúde brasileiro (SUS), ele encontra-se, mais que subfinanciado, "desfinanciado" desde o governo Michel Temer, responsável pela chamada Emenda Constitucional da Morte (EC 95), que congelou os gastos sociais por nada menos que vinte anos! O "desfinanciamento" agrava-se no governo de Jair Bolsonaro, em função da associação entre a EC 95 e a austeridade fiscal draconiana adotada apenas para os chamados gastos sociais. Por essas e outras, os pobres que contraírem a Covid-19 e tiverem seus quadros agravados, na enorme maioria, morrerão nas portas dos hospitais sem acesso a tratamento.

Em entrevista ao Portal UOL, em abril de 2020, o sociólogo Jessé Souza sintetiza bem a tragédia social brasileira, que a Covid-19 põe a nu. Ele diz que,

> no Brasil, o grande problema é que nossa sociedade "naturalizou" a desigualdade. Primeiro, porque ninguém, na elite e na classe média branca e privilegiada, assume sua responsabilidade na reprodução da iniquidade e culpabiliza as próprias vítimas pelo seu infortúnio. Além disso, a desigualdade é aceita como algo inevitável, algo impossível de mudar. [...] Toda sociedade com passado escravocrata que não criticou esse passado o reproduz de forma modificada ao longo do tempo. O Brasil é o melhor exemplo empírico disso no mundo.

Apesar de terrível, não é a primeira vez que o capitalismo, por meio de sua classe dominante (os grandes proprietários das riquezas), que detêm o leme do poder econômico e político nas mãos, produz crises violentas e lança os trabalhadores e as populações pobres e vulneráveis ao desespero e à morte. Os ricos e muito ricos, quando não ganham com as crises do capitalismo, sobrevivem e mantêm seus privilégios de classe. Salvo raras exceções, tem sido assim, sem tirar nem pôr.

Para ficar em um intervalo de tempo relativamente próximo e que impacta mais imediatamente o presente, do início do século XX para cá o mundo enfrentou ou enfrenta crises profundas, causadas pelos modos capitalistas de viver e de produzir. As crises são de várias ordens: a gripe espanhola, as duas guerras mundiais, a crise de 1929, o aquecimento global, a crise de 2008 e, agora, a pandemia do coronavírus. Todas elas exemplos eloquentes de mazelas do capitalismo.

Mas é possível misturar crises tão diversas: sanitárias, econômicas, geopolíticas e ambientais? Guardadas as devidas diferenças, todas essas e outras crises do capitalismo derivam de uma arquitetura de guerra. O capitalismo é guerra, literal e figurativamente, dos ricos contra os pobres, entre grandes corporações, entre países etc.

Disputa-se a ferro e fogo as fontes de energia (a sangrenta guerra pelo petróleo que o diga!), as matérias-primas para a indústria, a água e os alimentos, os mercados consumidores e, agora, sob a pandemia do coronavírus, também os equipamentos de proteção individual (EPIs) e a pesquisa, produção e distribuição de fármacos. A guerra é também pelo controle dos territórios e das populações; os movimentos migratórios atuais, por exemplo, dão notícias dessa arquitetura de destruição dos espaços construídos, das culturas, dos povos, das famílias e das pessoas. Todos vítimas da lógica de guerra do capitalismo, há muito naturalizada e cujo funcionamento pode ser sintetizado pelo entrecruzamento de duas dimensões complementares: formas de vida e modos de produzir.

As formas de vida sob o capitalismo atual estão baseadas no consumismo, no consumo pelo consumo como valor absoluto; no biopoder, conceito de Michel Foucault, que concerne ao controle extensivo e intensivo da vida – inclusive, da vida biológica – pela incorporação da lógica do capital: corpos fagocitados pelo capitalismo, "vida nua", na expressão de Giorgio Agamben; e no necropoder, conceito de Achille Mbembe para designar a técnica de governamentalidade da vida, pela qual a maior expressão da soberania é dada pela capacidade de decidir quem deve viver e quem vai morrer. Para ficar em apenas um exemplo sob a pandemia: no Brasil, há alguma dúvida sobre quais segmentos sociais serão protegidos e quais estarão à própria sorte?

O modo de produção capitalista, esquematicamente falando, funda-se na propriedade privada, no mercado, no incremento permanente da produtividade, na hiperprodução (inclusive, de inúmeras quinquilharias desnecessárias, mas que consomem riquezas naturais e humanas expressivas), no crescimento econômico constante (como se fosse ilimitado), na concentração de riquezas e na exploração de classe.

Nos últimos quarenta anos, a globalização neoliberal e sua financeirização econômica elevaram esse arranjo das formas de vida e dos modos de produzir à enésima potência, inclusive com aumento do peso na equação do chamado capital fictício, improdutivo: fluxos financeiros globalizados e desterritorializados, e sistemas de crédito absurdos, que submetem os Estados nacionais e drenam enormes quantidades de recursos de suas populações. Tudo isso amplia a concentração de riquezas e de poder, intensificando de forma agônica os desequilíbrios sociais, econômicos e políticos, que hoje explodem sob os efeitos da pandemia.

Diante desse presente aterrador, ainda seria possível tomar a pandemia como uma oportunidade para curar o mundo em que vivemos? Se for possível pensar a cura, como fizemos antes, não como mera extinção de um mal, mas como processo, ou melhor, como uma processualidade de cuidados, de defesa de certos interesses, de aprimoramento de determinadas características e propriedades, e, sobretudo, como fé na vida, que no caso humano diz respeito à capacidade ético-política de perseverar, de transformar, de contornar obstáculos e de enfrentar intempéries, então, a pandemia, apesar da catástrofe sanitária, econômica e social que faz emergir, pode corresponder a uma oportunidade extraordinária para se produzir inflexões e mudanças nos modos de viver e de trabalhar ou produzir.

Certamente, de um só golpe não será possível fazer cessar a guerra capitalista com a qual a tensão e os controles de classe seguem funcionando e por meio da qual se destrói o meio ambiente natural e social. No entanto, pode ser viável enfraquecer ou, quem sabe, apressar a superação de sua estratégia neoliberal.

Claro que o mais provável na pós-pandemia será a rearticulação do neoliberalismo financeiro, com boas chances de que se reorganize em bases ainda mais violentas, arbitrárias e de exceção: o bio e o necropoder levados ao paroxismo. Por outro lado, é sempre bom reparar e ouvir a vida que insiste, que persevera; ter em conta que todos vimos expostas as fragilidades, as insuficiências e os absurdos do capitalismo neoliberal.

O mundo não será o mesmo, carregará marcas desse período, e elas criam melhores condições para enfrentar o capitalismo, para explorar fraquezas, para abalar a arquitetura da guerra que ele impõe incessantemente.

Do interior do contexto da pandemia da Covid-19, várias reflexões, ideias e propostas surgem e surgirão com potencial para interferir positivamente no processo de cura, nas ações em favor de um mundo menos desigual e iníquo. Por hora, destacaremos duas, respectivamente do sociólogo francês Bruno Latour e do economista grego Costas Lapavitsas.

Segundo Latour, em texto publicado no Brasil em abril de 2020 pela Editora n-1,

> a primeira lição do coronavírus é também a mais espantosa. De fato, ficou provado que é possível, em questão de semanas, suspender, em todo o mundo e ao mesmo tempo, um sistema econômico que até agora nos diziam ser impossível desacelerar e redirecionar. A todos os argumentos apresentados pelos ecologistas sobre a necessidade de alterarmos nosso modo de vida, sempre se opunha o argumento da força irreversível da "locomotiva do progresso", que nada era capaz de tirar dos trilhos, "em virtude", dizia-se, da "globalização". Ora, é justamente seu caráter globalizado que torna tão frágil o famoso desenvolvimento, o qual, bem ao contrário, pode sim ser desacelerado e finalmente parado.

"A Covid-19 levanta, provocativamente, a questão da reorganização democrática tanto da economia quanto da sociedade, conforme o interesse dos trabalhadores", o que também exigiria "formas de intervenção capazes de alterar o equilíbrio social e político em favor das camadas populares", sugere o economista Costas Lapavitsas, em entrevista de abril de 2020 à revista *Jacobin*.

Além da necessidade evidente de se ter um sistema de saúde pública universal, bem planejado e adequadamente financiado, capaz de lidar com choques epidêmicos, ainda segundo Lapavitsas, será urgente reativar, entre outras coisas, as políticas públicas para apoiar os trabalhadores e os mais pobres; e será fundamental rever o papel e a estrutura do Estado, assim como a natureza e a intensidade de nossas democracias, acrescentamos. O economista grego conclui:

> De maneira mais ampla, a crise da Covid-19 reafirmou a necessidade histórica de enfrentar um sistema em declínio, preso em seus próprios absurdos. Incapaz de se transformar racionalmente, o capitalismo globalizado e financeirizado continua recorrendo a doses cada vez maiores dos mesmos paliativos desastrosos. Por oposição, o primeiro imperativo é defender os direitos democráticos diante das ameaças estatais e insistir para que os trabalhadores tenham amplo poder de decisão em todas as deliberações.

Desaceleração da guerra capitalista, de um lado; amplo poder de participação e decisão aos trabalhadores na pós-pandemia e na reorganização da economia, da política e da sociedade, de outro. Eis aí duas propostas a serem realçadas, detalhadas, aprimoradas, isto é, duas propostas – entre outras – a serem acuradas para que possamos estar à altura dos desafios deste tempo.

Para terminar, é ainda necessário um comentário quase apendicular. No Brasil, tudo indica, haverá um trabalho preliminar à composição dos processos de cura, do resgate à fé na vida. Trata-se de um basta aos boçais, aos maliciosos, aos sem caráter, aos omissos (por medo ou interesse), aos canalhas, aos verdadeiros criminosos, aos oportunistas e aproveitadores. Todos eles têm que ver, ouvir e sentir uma reação intransigente e sem tréguas às insanidades e aos crimes que perpetram ou estimulam sob pretextos espúrios e relativismos artificiais, pretendendo dar ar de "verdade" a "autoverdades" de conveniência, diluíveis segundo as circunstâncias de cada momento; "autoverdades" que são ditas e desditas sem nenhuma cerimônia, preocupação, rigor, fundamento, sentido.

Não pode ser mais admissível ouvir que a Terra é plana, que os Beatles são um projeto do "marxismo cultural" – coisa que nem sequer existe –, que o socialismo é pecado. É preciso afirmar, sem qualquer hesitação, que as religiões são questão de fé pessoal ou de grupos, mas não de Estado, que a Covid-19 não é "gripezinha" e que a cloroquina (ou outro remédio) não é panaceia nem deveria ser arma política para fazer proselitismo grotesco contra a civilização e a ciência. Entre os brasileiros, um basta definitivo a esse obscurantismo, a essa anomalia, pode ser o primeiro passo em um legítimo processo de cura.

CAPÍTULO X

Desamparo e pandemia

Jorge Broide

O desamparo e a produção da vida

Freud coloca o desamparo como uma situação central na vida do sujeito. A relação do bebê com o mundo se dá a partir de sua precariedade, e a forma como a sua fragilidade vai sendo resolvida pelos cuidadores constitui, desde o início da vida, a ética, a relação com o outro e com o mundo de forma geral. Se, por um lado, o desamparo nos coloca diante da morte, por outro, sem ele, não há o progresso do sujeito e da civilização. Se o bebê é satisfeito sempre de forma imediata, sem um espaço entre ele e sua mãe, a relação entre os dois se fecha: a mãe fica cega para o mundo e o bebê não consegue criar a própria vida. Por outro lado, se não existe a experiência de satisfação, se o bebê não é atendido, não é visto em suas necessidades pelo indivíduo cuidador, ele estará diante da dor, do medo e da morte, vivendo uma enorme experiência de desamparo. Assim, é nessa dialética entre o fechamento da relação da mãe com seu bebê e a mãe e o desvalimento, a separação entre os dois, que se gera o laço social, o saber, a vida, a ciência e a civilização como um todo. É a relação com o desamparo, portanto, que constitui e ameaça o sujeito. É a capacidade de lidar com a distância, com o espaço vazio, entre o saber e o não saber, entre o ter e não ter, ser e não ser, que nos permite criar alternativas para a proteção da vida.

O mesmo ocorre com a civilização, que é a maneira como o ser humano lida com o desamparo diante da natureza e da morte. É a capacidade de sair da coleta e da caça para a espera e o trabalho necessários para o cultivo que permite o armazenamento e a transformação do alimento. Com isso, a pessoa inicia a cultura e adquire a capacidade de locomoção, de atravessar desertos e mares, de construir cidades. Ainda segundo Freud, é essa espera, o trabalho e a necessária relação com o outro que geram um importante desconforto, denominado por ele "mal-estar na civilização". O desconforto provém do fato de que, para sobrevivermos, não podemos descarregar nossa tensão imediatamente. Temos que mantê-la dentro de nós. É necessário que haja uma mínima identidade entre o que eu desejo e a possibilidade da satisfação desse desejo. Para que meu desejo possa ser satisfeito, para transformar o mundo, é necessária uma espera e uma ação, que se dão através de um exame atento entre o que ocorre dentro do próprio corpo e o que ocorre no exterior. Só assim é possível a descarga da tensão sentida no corpo e que gera mal-estar. Entre minha fome e a comida há um caminho que deve ser percorrido, que é conseguir e preparar o alimento.

Outro aspecto a ser mencionado é que sempre existe certa negação do desamparo inerente ao ser humano. Não podemos estar com a ideia da morte e de nossa fragilidade o tempo todo. Enquanto há certa estabilidade ao nosso redor, conseguimos manter uma normalidade e as angústias mais profundas que vivemos diante da natureza e do conflito ficam sob certo controle. O nosso sinal de alarme é o medo que nos instiga a pensar e a realizar o exame entre o que está dentro e o que está fora de mim. A outra forma de lidar com o desamparo é o pânico, que pode se apresentar como perda de controle sobre o pensamento e exame da realidade ou a simples negação dos fatos.

A pandemia, tal como uma guerra, rompe de forma abrupta a estabilidade de nossa vida e nos coloca diante do desamparo que surge de todos os lados. A morte pode estar em qualquer coisa que tocamos; nosso trabalho e subsistência podem desaparecer a qualquer momento; pessoas queridas podem morrer; perdemos o direito à cidade em função do isolamento; a ciência não consegue responder com uma vacina; não existem respiradores em número suficiente; as equipes de saúde são contaminadas; o Estado não funciona. Estamos diante de uma situação em que "tudo o que é sólido desmancha no ar", como disse Marx em pleno século XIX. Sabemos que, depois da pandemia, o mundo não será mais o mesmo. Com um agravante: não sabemos como será.

"Tudo o que é sólido se desmancha no ar"

Esse mundo que se desfaz no ar me remete a alguns fatos e reflexões. A primeira delas são as duas Grandes Guerras que vivemos no século passado, em especial a Segunda Grande Guerra. Em pouco tempo, povos, países, culturas, idiomas, deixaram de existir. Dois fatos me vêm à mente. O primeiro foi no ano de 1989. No dia em que caiu o Muro de Berlim, estava almoçando em minha casa um grande amigo, bem mais velho do que eu, fundador e professor da Faculdade de Psicologia da Universidade de Havana. Estávamos falando sobre o fato e devo ter feito alguma observação bastante superficial. Ele me chamou a atenção e disse: "Você não está entendendo bem, o mundo não será mais o mesmo a partir do dia de hoje". Logo entendi que ele tinha toda razão.

O segundo fato é uma história familiar. A família de minha mãe saiu da Lituânia em 1933, ano em que Hitler assumiu o poder na Alemanha e o antissemitismo era verdadeiramente ameaçador. Meu bisavô, pai de meu avô, já havia vindo para o Brasil em 1926 e insistia que saíssem do país, porque previa que haveria uma segunda guerra na Europa. Minha avó tinha seus pais vivos e mais quatro irmãos na Lituânia. Após a guerra, os únicos sobreviventes de sua família foram um irmão e um sobrinho, que conseguiram viver como *partisans* nas florestas até o final da guerra. Esse irmão de minha avó contou a um primo meu que, durante todo o tempo em que estava na guerrilha, ele sabia que só tinha uma coisa: o endereço de minha vó no Brasil guardado em sua memória. Era o que havia sobrado e que poderia, caso sobrevivesse, reconectá-lo ao mundo.

Para onde foram e para onde irão todos esses pedaços de mundo que se romperam e estão se rompendo agora? São cacos que aparecem enquanto sintomas, enquanto fantasmas geralmente transmitidos de forma inconsciente de geração a geração. Medos sem palavras, ações sem sentido, sensações físicas, ideologias, formas de relação com o mundo e com o outro. São cacos vivos, concretos. É sabido por nós, psicanalistas, que uma guerra tem efeitos diretos sobre três gerações de sobreviventes. Nosso trabalho é contribuir na elaboração desses cacos, torná-los palavras, pensamentos e história, e com isso transformar a experiência de desamparo em saber. A outra opção é negar os cacos dos mundos que se foram e que se transformam em fantasmas que vivem de forma concreta em nossas relações. Negar o desamparo e a experiência da perda desses mundos é também perder-se com eles.

Os porta-vozes de nosso tempo

O inconsciente, como diz Lacan, são as relações existentes na cultura, que constituem o que ele chama de "grande outro". Essas relações, como não poderia deixar de ser, estão dentro de nós e são introjetadas nos laços familiares, na educação, nas relações econômicas. A II Guerra Mundial está dentro de mim e posso ser vivido por ela ou então entender como faz parte de minha história e aprender com a experiência. Querendo ou não, sou porta-voz desse enredo. Assim, somos porta-vozes da família, dos grupos, das instituições e das comunidades. Um momento histórico como esse que estamos vivendo traz distintos porta-vozes e emergentes, como diria o psicanalista argentino Pichon Rivière, os quais apresentam diferentes matizes de uma realidade multifacetada e complexa que, se não for entendida somente como manifestação individual, pode contribuir para uma melhor compreensão de nosso tempo.

Voltemos novamente a Freud. Ele diz em um texto de 1921, "Psicologia das massas e análise do ego", que as massas se organizam segundo os modelos do exército e da Igreja, com os laços amarrados à figura da autoridade seja do Papa, representante de Cristo, seja do general, ambos símbolos da figura paterna. Além disso, sabemos o quanto é nocivo e desorganizador no âmbito do grupo, da família e das massas um líder que cria a ambiguidade e a cisão, ainda mais em momentos de crise/pandemia. Quanto mais o líder divide e confunde, maior é a inibição mental e, em nosso caso, a morte. Temos um presidente que nega o isolamento social indicado pela Organização Mundial da Saúde e por todas as autoridades de saúde do país. Quanto mais o presidente vai às ruas, menor é a adesão à quarentena e maior será o número de mortos. O desamparo se propaga pela ausência de um comando claro e democrático, que faz com que a lei perca o sentido. Se ocorre essa desamarração do laço social, o sujeito fica entregue à própria sorte e à própria lei.

Mas não podemos ser ingênuos a ponto de dizer que essa é uma atitude individual. Certamente o presidente representa uma parte da elite brasileira, associada ao pensamento de um grupo muito importante de nossa população, que nega o desamparo para desconectar-se do medo diante do novo e das dificuldades que passaremos como nação, por meio da onipotência. E isso nos mostra a complexidade do movimento de massas e a força da morte. Desvela também as enormes dificuldades institucionais do país em sua luta pela democracia. O governo federal, dividido, emite uma dupla mensagem; os governadores, outra, e os prefeitos, ainda outra. Isso nos joga a todos em uma atitude individual ou, então, na busca da solidariedade.

Outro fator central que surge na pandemia é que o isolamento social expressa a enorme divisão e diferença de classes de nosso país. Como cumprir a quarentena em uma casa de um cômodo com várias pessoas, em meio a uma viela abarrotada de vizinhos? E mais, se a pessoa ainda tiver emprego, circulando pelo transporte público lotado? A vida custa aluguel, casa, metros quadrados. Há ainda algo que não está sendo dito, mas está presente, está no ar... E se a comida acabar, e se as mortes nas comunidades forem maciças, qual será a reação popular? Qual será a reação diante de tanto desamparo? Haverá invasões, saques? Para onde irá toda a indignação? Não sabemos, mas certamente ela irá aparecer.

Os presídios são outro emergente da maior gravidade. A população carcerária brasileira é a terceira maior do mundo. Se contarmos que cada preso tem no mínimo quatro familiares, a cifra atinge mais de dois milhões de pessoas envolvidas no sistema penitenciário. As celas lotadas são ratoeiras que expressam a enorme violência e exclusão social, na medida em que, grande parte dos detentos, está ali por crimes menores. A violência de toda a sociedade é depositada nesses que são os jovens negros e pobres das periferias, marcados pela ausência de projetos de vida e de famílias fraturadas pela miséria econômica. Se nada for feito, haverá uma enorme contaminação. Qual a atitude do Estado? Do Poder Judiciário? Quantos morrerão? Qual a reação dos presídios? Morrerão quietos?

Outro importante porta-voz é a população em situação de rua. Como eles dizem, "para baixo da rua não tem nada". É a situação paradigmática da exclusão social e neles a sociedade deposita o que há de mais primitivo e contagioso, e se preocupa com sua circulação pela cidade e pelos albergues disseminando o vírus, a peste. Eles são os porta-vozes do que há de mais deteriorado. Trazem o que todos negamos e tememos, que é o desamparo mais radical e, muitas vezes, a degradação a que qualquer um de nós pode chegar.

Na classe média, o desamparo surge através da queda brutal de renda e da necessidade que muitas vezes teremos de reinvenção de nosso trabalho. Muita coisa perderá sua função e não sabemos quais os negócios se manterão vivos, seja no comércio, seja na prestação de serviços. Que saber irá gerar valor? Qual valor? Nós psicanalistas, por exemplo, agora atendemos individualmente por plataformas de internet e, o que era antes impensável, fazemos também grupos e supervisões a instituições. Professores, damos aulas remotas. Tudo isso em três semanas. A exclusão digital agora acossa minha geração como nunca. É necessário aprender rápido uma nova linguagem. Os trabalhadores especializados com formação universitária terão de encontrar novas formas de geração de renda. Isso pressupõe um dado muito interessante, que é a necessidade de uma escuta muito acurada das necessidades sociais. O que deverá gerar valor será, então, a escuta do outro, da cidade, do território onde a vida se dá em seu cotidiano. É ali que estarão os chamados nichos de geração de valor, por meio da prestação de serviços e de outras formas de produção.

Ainda no que se refere às mudanças rápidas, as relações amorosas com o coronavírus entram em um novo momento, que pode ser o de uma convivência intensa, gerando aprofundamento ou ruptura do vínculo, ou então o da necessidade de o casal decidir passar a quarentena juntos ou separados. Essa decisão certamente terá importantes repercussões na relação.

Também não sabemos quais empresas irão sobreviver. Os negócios terão que se reinventar e, com isso, o trabalho irá mudar. Muitas indústrias, como em uma guerra, estão tendo de fazer uma mudança na produção para a fabricação de respiradores e de outros materiais de proteção. A crise gera novas necessidades. Isso traz à tona a questão do desenvolvimento tecnológico e científico de nosso país. Os custos terão de ser drasticamente reduzidos e quem tiver acesso à tecnologia sairá em nítida vantagem. Como fica a pequena empresa? A empresa nacional? Como fica a economia do país diante de um mundo mais fechado, ou com uma globalização diversa da que temos no momento?

O mundo em movimento

Qual nosso papel em tudo isso? Eu diria que é inventar, costurar e, no caso, enquanto psicanalistas, elaborar os cacos, aquilo que não é falado para que a palavra possa, tal qual agulha e linha, construir tecidos solidários e criativos de convivência. Para tanto, é importante estar no consultório e na comunidade, presencial, quando for possível, e remotamente, no momento. Construir tecidos de sustentação da vida significa criar dispositivos de uma verdadeira escuta do sujeito, o que é muito diferente de falar com as pessoas. Esses dispositivos não podem ser solitários. Eles devem ser interdisciplinares e intersetoriais. Hoje, para operar na crise, é necessário o saber da saúde, da economia, da política, da gestão, da engenharia, do serviço social, da psicologia, da psicanálise, entre outros.

O Estado necessita ousar. Os economistas dizem que é necessário colocar dinheiro de verdade, tal como foi feito no Plano Marshall para a reconstrução da Europa após a II Guerra, para sustentar as famílias sem renda. O neoliberalismo não se sustenta nessa situação. São necessárias verdadeiras políticas públicas de inclusão, geração de renda, sustentação do emprego e formação para o mundo que se forma.

O Estado, no entanto, não é suficiente para tal tarefa. É necessária uma verdadeira cooperação entre a iniciativa privada, o Estado, o movimento social, o terceiro setor e a universidade, agregando valor ao trabalho altamente qualificado, que é necessário no momento, para a formulação de metodologias e intervenção em campo.

Essas políticas, no entanto, não serão sustentáveis sem um efetivo apoio aos trabalhadores que têm operado nas situações sociais críticas citadas anteriormente, como é o caso do fornecimento de EPIs aos trabalhadores da saúde. É imprescindível também a valorização como um todo daqueles que trabalham nas áreas sociais, e isso pressupõe salário e formação.

Essa sustentação demanda espaços de palavra, para a elaboração das situações dramáticas oriundas da intervenção direta, e formação teórica, que é o que permitirá a construção de dispositivos novos e criativos de atendimento à população atingida pela crise. A ação direta com a população deve encontrar metodologias de escuta que sejam efetuadas nos diferentes territórios da cidade. Essa escuta, no entanto, não deve ser limitada aos territórios periféricos. Deve estar voltada para todas as classes sociais, já que estamos todos envolvidos. No momento atual, têm surgido inúmeras pessoas e instituições que querem contribuir efetivamente, seja mantendo os empregos de seus funcionários, seja através de outras ações.

Conclusão

Não é fácil escrever um artigo em tempo real que aborde o que estamos vivendo aqui e agora: o isolamento social, as notícias, o desgoverno, a falta de informações e a urgência da ação, e como tudo isso mobiliza a experiência profissional e a experiência de vida. É o desafio de viver o momento histórico, de se manter pensando e tratando de responder ao que a vida nos apresenta.

O trabalho como psicanalista há mais de quarenta anos no campo social me permite dizer que há uma infinidade de opções e novas possibilidades de verdadeira escuta no território da cidade. É do entendimento de como a vida pulsa, vive e morre nas comunidades, nas ruas, nas prisões e nos espaços de decisão que irão surgir as metodologias e ações verdadeiramente inovadoras e efetivas.

O "sólido que se desmancha no ar" pode nos deixar em um enorme vazio, e o desamparo tende a fazer com que nos fechemos, neguemos a realidade, não acreditemos no outro, ou, então, nos joga no mais puro espaço criativo e na luta pela vida e pela ética.

CAPÍTULO XI

Deus em meio à pandemia

Maria Clara Lucchetti Bingemer

A hecatombe que a pandemia do novo coronavírus causa no mundo inteiro tem sido analisada por vários ângulos. A filosofia, as ciências sociais, a ciência política, a economia têm-se sentido instigadas a refletir sobre essa catástrofe de proporções planetárias que se abateu sobre a humanidade e segue seu curso com rapidez e crueldade espantosas, sem data próxima para terminar.

Nossa intenção é refletir a partir da teologia sobre alguns pontos que nos parecem importantes do ponto de vista da fé e da teologia. E tomaremos como tema de nossa reflexão a questão de como podemos falar de Deus em meio à pandemia.

Começaremos refletindo sobre o sentido da vida e as questões instigantes e agudas que a ameaça e a realidade da morte lhe trazem incessantemente. Em seguida veremos como a ciência tem-se constituído como a referência da verdade em meio ao caos do medo e das informações desencontradas, causados pela situação de vulnerabilidade que a pandemia provoca. Depois examinaremos como o discurso da teologia pode ser ajudado pela literatura nas perguntas essenciais que desafiam o falar sobre Deus. Veremos também como algumas teologias recentes nos ajudam a ressituar esse falar sem cair nem na passividade alienada nem no dolorismo que tanto caracterizou a espiritualidade cristã. Finalmente veremos como nesses tempos tão sombrios aparecem pontos luminosos que alimentam a esperança e permitem encontrar o olhar amoroso de Deus, já que a santidade também tem lugar, anônima ou explicitamente, em diversos novos e inesperados rostos.

O sentido da vida: fragilidade e a transcendência

Já se tornou lugar-comum a afirmação de que com esta pandemia podemos tocar e experimentar nossa fragilidade. Surpreende, porém, que a experiência da fragilidade e, mais concretamente ainda, da mortalidade tenha obrigado a nós todos a perguntar de forma mais forte e incisiva pelo sentido da vida.

Todos os seres vivos vão morrer. A diferença no que diz respeito ao ser humano é que este sabe que vai morrer. A primeira aproximação ao tema do sentido da vida não pode ser outra senão a referência ao estatuto existencial do ser humano. Trata-se de uma pergunta primordial que ressoa para o ser humano de forma inteiramente própria e peculiar. Trata-se igualmente de uma pergunta universal, com a qual nenhuma pessoa deixa de enfrentar-se em algum momento da vida. É, além disso, uma pergunta radical como nenhuma outra, porque se refere ao espaço aberto de "questionabilidade" que permanece diante do ser humano, uma vez que este respondeu às questões concretas que lhe coloca o fato de viver. A pergunta pelo sentido da vida, por isso mesmo, envolve todas essas questões prévias, ao mesmo tempo em que as transcende. Além disso, põe em destaque a radical problematicidade, ou melhor, a condição misteriosa da própria vida.

Não pedi para nascer e não quero morrer: eis o arco da questão humana pelo Sentido. E, no entanto, a única certeza que posso ter é que um dia morrerei. E esse dia pode ser hoje, no próximo minuto, amanhã, daqui a muitos anos. A incerteza que acompanha a certeza da morte faz da vida humana algo único e carregado de mistério.

Quando está em curso uma pandemia como a que vivemos, em que a morte é uma possibilidade real e próxima, a cada momento o medo e o desespero tornam mais aguda essa pergunta fundante e primordial. Trata-se de um agente invisível que penetra nos corpos humanos e os ataca interiormente, reduzindo-lhes as forças e desorganizando seus sistemas de funcionamento. Enquanto muitos se recuperam, outros – muitos igualmente – terminam morrendo. Sem distinção de classe social, tampouco de idade.

Parecia no início que o vírus só vitimaria fatalmente os idosos. E agora se veem casos de crianças, jovens, pessoas na força da idade que caem sob sua ação letal. A fragilidade e a mortalidade em escala exponencial entram por todos os nossos sentidos diariamente pelas mídias mais diversas. Os países mais desenvolvidos e as cidades mais modernas e bem equipadas do planeta gemem e choram sob sua violência. Nova York, a cidade que não dorme, faz vala comum para enterrar cadáveres. A garbosa Espanha os deposita no ringue de patinação no gelo. A ensolarada e luminosa Itália não dá conta dos caixões que precisa preparar a cada dia para enterrar seus mortos.

Nestes tempos, o aprendizado maior que recebemos dessa pandemia é uma acrescida consciência de nossa fragilidade. E essa condição frágil tem dois aspectos. Por um lado, a vulnerabilidade que nos diz que biologicamente somos matéria perecível que, assim como vive, age e ocupa espaço no mundo, pode no momento seguinte fenecer e deixar de existir. Já o povo da Bíblia ficava intrigado com a fragilidade da vida humana, que "não passava de um sopro" (Sl 38[30],6). E refletia: "Toda carne é como a erva, e toda a sua glória, como a flor da erva" (1Pd 1,24). Por outro lado, a consciência de que é essa mesma fragilidade que constitui nossa identidade e abre uma porta para a Transcendência, a qual parece ausente e silenciosa, enquanto o mal se alastra e ceifa vidas em proporções inimagináveis.

Diante de nós está a vida humana, nossa, dos que amamos e daqueles que mal conhecemos. Qualquer que ela seja, teve uma origem e um começo que não dominamos, dos quais não dispomos, por não haver sido sujeitos ativos deles. Somos seres posteriores, chegamos depois que o mundo começou, e que nossos pais se encontraram; depois que o mundo já havia atravessado várias fases e patamares civilizatórios. Entre eles, outras pestes com as quais teve que lutar sem os recursos científicos de que dispomos hoje em dia. O passado nos é dado sem que hajamos nele interferido. Porém, nossa existência tem um fim certo: a morte. E é tão certo como imprevisível quanto a seu momento e suas circunstâncias – morte certa, hora incerta; um termo final do qual tampouco dispomos, já que nem de nossa morte seremos sujeitos ativos.

O fato de questionar a morte, de não a querer ou desejar, de tudo fazer para evitá-la, de celebrá-la ritualmente, de buscar comunicação com os que já passaram sua fronteira, levanta a questão de que o ser humano se autocompreende como feito para a vida e não para a morte. Esse sentimento de uma finitude que deseja ardentemente a infinitude o move a perguntar-se incessantemente pelo sentido do que lhe vem ao encontro em sua fragilidade, em sua condição de ser temporal.

A pergunta pelo sentido da vida qualifica o homem e a mulher como humanos. E isso define o mais profundo de sua identidade, uma vez que, dentre os seres criados, apenas ele e ela a colocam. Além disso, sublinha a definição da vida humana e da própria criatura humana como mistério criado, que necessariamente remeterá à pergunta pelo Mistério Incriado que é Deus.

Nestes dias em que assistimos, impotentes, ao crescimento de números e taxas da pandemia; nestes momentos em que nossa vida foi totalmente transformada a ponto de não lembrarmos mais que dia é hoje, quando começamos o isolamento, o que nos espera do outro lado; e, sobretudo, nos instantes mais dolorosos, quando o mal que se combate atinge conhecidos, amigos, familiares, seres queridos e amados; enfim, vemos que duas referências se impõem em nosso horizonte, ajudando-nos a retomar o pulso do sentido da vida: a ciência e a fé.

A ciência e as evidências objetivas

A ciência é um dos motores do desenvolvimento da humanidade e da vida e seu progresso tem sido responsável por grandes melhorias na vida humana, sobretudo no decurso do último século, ainda que os frutos desse progresso não tenham sido repartidos equitativamente pelo mundo. Por outro lado, o mau uso que muitas vezes foi feito dos conhecimentos científicos causou, no mesmo século passado, as piores provações que a humanidade teve de passar. Por isso, ainda que o progresso da ciência, possibilitado pela racionalidade moderna, seja altamente positivo e que se considere correta a afirmação de que a ciência é o motor do desenvolvimento em todas as frentes, os esforços feitos por muitos países e regiões do globo no domínio científico permanecem muito aquém do mínimo julgado desejável. E boa parte das razões para tal é a manipulação que interesses econômicos, políticos e ideológicos fazem contra a objetividade e a excelência que deve caracterizar toda ciência.

No momento em que explodiu a pandemia viral, a ciência – a medicina, a biologia, a infectologia e todas as áreas científicas que lidam com a vida humana – ocupou a linha de frente das atenções. Buscam-se orientações, explicações, argumentos lógicos que nos ajudassem a administrar a tragédia que vivíamos.

Por outro lado, competições ideológicas e embates políticos muitas vezes se atravessam no caminho do trabalho científico. E isso acontece de diversas formas: seja com o obscurantismo que ataca retoricamente a liberdade de pesquisa científica, seja com políticas públicas retrógradas que cortam verbas e esvaziam institutos e laboratórios de pesquisa. Em um momento em que a crise ecológica atinge proporções nunca antes vistas, os impactos climáticos são minimizados e os alertas emitidos pela comunidade científica desprezados, como se não fossem evidências objetivas, mas sim opiniões casuais e não fundamentadas.

Com a Covid-19, a ciência voltou a ocupar seu papel de baluarte da verdade objetiva e verificável. Tornou-se um refúgio firme para uma sociedade assustada e vulnerabilizada pelo avanço descontrolado da doença e pela subida dos números de vítimas fatais. A ciência é hoje a linha de frente no combate à pandemia; fornece à população números, informações, percentagens que permitem ter um quadro do que se passa. E se pode ver ao mesmo tempo inúmeros laboratórios buscando remédios que tratem a doença causada pelo vírus, sequenciando o genoma do vírus em tempo recorde, buscando pelos caminhos da pesquisa apaixonada e responsável uma vacina que possa no futuro imunizar contra o vírus.

Há, no entanto, tentativas de travar esse trabalho, muitas delas invocando o nome de Deus. Contestam-se os dados fornecidos pela ciência, contradizem-se informações precisas e objetivas e se dão orientações conflitantes à população. Afirma-se que Deus salvará a todos do vírus, que aquilo que os cientistas dizem é um exagero, que o melhor a fazer é orar, porque Deus nos salvará do vírus.

Desde sempre, em todas as religiões, mas concretamente nas religiões monoteístas e especificamente no judeo-cristianismo, Deus não se imiscui nos negócios humanos para desviar a ação da própria humanidade na resolução de seus problemas. O Espírito de Deus inspira, anima, orienta, consola, mas não toma as ferramentas das mãos da humanidade para resolver, em um passe de mágica, as dores e os problemas que essa própria humanidade está passando.

Toda tentativa ao longo da história de converter Deus em árbitro da ciência, impedindo-a de avançar, já foi suficientemente desmascarada e situada em seu devido lugar: é falsidade e embuste. Assim, governantes despóticos e irresponsáveis, que buscam desautorizar os cientistas que dizem a verdade em meio a um momento grave como o que estamos vivendo, terão de responder diante do tribunal da história; e também diante do tribunal divino, que fará cair os véus, desvelando suas tentativas de vendar os olhos do povo com ilusões e falácias, na sua mais atualizada forma: as *fake news*.

Em meio à pandemia, a comunidade científica tem construído uma rede sólida de informações, colocando a ciência na vanguarda das políticas de combate à pandemia. Assim, pode-se combater o obscurantismo institucionalmente, usando de transparência e honestidade, atualizando constantemente as medidas adotadas e procurando adequar as condições da saúde às reais necessidades decorrentes da própria pandemia.

Falar de Deus, portanto, em tempos do coronavírus implica dialogar com a ciência e deixar-lhe plena autonomia no campo e competência que lhe são próprios. Isso requer não misturar epistemologias nem tratar o que diz respeito ao campo biológico com instrumentos falsamente espirituais, que matam em vez de curar e alimentam políticas genocidas capazes de empurrar as pessoas para o contágio e, provavelmente, para a morte.

A fé e a teodiceia sempre presente

Quando se está diante de situações vitais limítrofes e extremas, quando a dor avança sem freios nem retenções pelo meio do mundo, quando a foice da morte ceifa vidas a torto e a direito, o ser humano sempre se pergunta pela compatibilidade entre Deus e a existência do mal.

Ressurge, instigante, a pergunta da teodiceia que atormentou gerações e que levou pensadores e escritores a escreverem obras-primas sobre o tema. Talvez uma das obras literárias mais significativas para pensar a fé em tempos de pandemia seja o romance *A peste*, de Albert Camus, escritor argelino-francês que viveu no século XX e deixou uma vasta obra que marcou o pensamento e os valores da modernidade.

Camus não tinha fé, mas era alguém perpetuamente instigado pelo amor à humanidade e pelo compromisso com os direitos humanos. Formado em filosofia, conhecia muito a filosofia cristã, tendo feito sua tese de doutorado sobre Santo Agostinho. Nutria imensa admiração pela filósofa e mística francesa Simone Weil, tendo ido, antes de partir para a Suécia receber o prêmio Nobel, recolher-se nos aposentos da filósofa, na casa dos pais dela, em Paris.

O romance que mencionamos foi publicado em 1947 e se passa na cidade de Oran, na Argélia, onde, segundo o autor, todos vivem rotineira e irresponsavelmente e onde, por isso mesmo, "é muito difícil adoecer e morrer"; cidade onde, aquele que adoece, fica muito só. Nesse quadro, começam a aparecer ratos mortos e se constata a chegada da peste. O narrador, médico e ateu, verifica com sua ciência o que está acontecendo e recebe nos braços a dura tarefa de cuidar dos empesteados e de tentar salvar-lhes a vida.

Conversando com colegas, o médico tem que admitir que a peste, aquela ameaça que se acreditava erradicada do Ocidente e controlada para sempre pela ciência, chegou sem aviso e está dizimando a população da cidade. Pestes e guerras, pensa o dr. Rieux, porta-voz de Camus, sempre houve. E, quando chegam, sempre encontram as pessoas desarmadas e desprevenidas.

Camus escreve imediatamente após a Segunda Guerra Mundial, que dizimou a Europa e atingiu brutalmente o mundo. E é clara a analogia entre a peste e a guerra que gerou o Holocausto, considerado o maior genocídio de que a humanidade tem notícia. O primeiro momento é de incredulidade e de esperança que não dure. Mas a peste não é apenas um pesadelo que vai passar; portanto, de pesadelo em pesadelo, são os seres humanos que passam.

À medida que a peste avança na cidade de Oran, o médico Rieux se debate em sua pergunta pela existência ou não de

Deus. Seu interlocutor privilegiado é um jovem voluntário que organiza equipes sanitárias e que um dia lhe pergunta se tem fé em Deus. E justifica sua pergunta dizendo que lhe parece incompreensível alguém se dedicar tanto a um trabalho tão exigente como o de cuidar de doentes empesteados, dia e noite, se não crê em Deus.

A partir das grandes questões da teodiceia, o doutor responde que, se cresse em um Deus todo-poderoso, ele cessaria de curar os homens, deixando a Deus essa tarefa. Sua prática de médico lhe havia demonstrado, porém, que ninguém se entrega totalmente. Nem mesmo o padre da cidade, que estimulava a população a ver a peste como uma provação por seus pecados e a confiar totalmente que Deus os salvaria daquele flagelo. Nisso, na vontade de lutar e na resistência que a humanidade contrapõe aos males que sobre ela se abatem, o médico Rieux encontra sentido para sua vida. Isso lhe demonstra estar no caminho da verdade, "lutando contra a criação tal como ela é".

E faz sua profissão de fé: "Depois de tudo, já que a ordem do mundo é regulada pela morte, talvez valha mais a pena para Deus que não se creia nele e se lute com todas as forças contra a morte, sem levantar os olhos em direção ao céu onde ele se cala".

Mas o doutor Rieux não conhecia a teologia que o cristianismo católico e protestante elaborou após o Holocausto. Atravessados pelas experiências tidas na guerra e instigados pela pergunta do grande filósofo judeu Hans Jonas – Como falar de Deus depois de Auschwitz? –, teólogos como Jürgen Moltmann e Johann Baptist Metz, na Europa do pós-guerra, buscaram esse novo modo de falar de sua fé em meio ao sofrimento humano. E Jon Sobrino, na América Latina, mergulhou seu olhar de teólogo na pobreza padecida pelo povo salvadorenho, para encontrar igualmente um novo modo de falar de Deus.

Segundo essa teologia, Deus não se cala diante da dor e do sofrimento humano. Pelo contrário, encarna-se e entra nessa dor e nesse sofrimento, assumindo a vulnerabilidade de sua criatura. Sofre ele mesmo na carne e na dor das vítimas, abraçando seu sofrimento por dentro; e daí se revela como amor. Diante do grito da vítima inocente que sofre, ou Deus abraça esse sofrimento por dentro, ou não pode ser adorado e invocado pela humanidade em meio a sua dor.

Por outro lado, a labuta incessante dos justos – mesmo não crentes –, como o médico e personagem de Camus, é parte dessa visão de Deus que não é cúmplice do mal por seu silêncio ou sua desmedida exigência. Mas, ao contrário, mesmo não conhecido ou nomeado, Deus está na luta sem quartel contra a injustiça e seu fruto perverso, que é o sofrimento do inocente. Nessa luta, Deus está presente, identificado com a vítima, e sua paixão continua acontecendo e seguindo seu misterioso caminho.

Deus inspira igualmente a quebra da cultura da amnésia, que promove a falsa felicidade que consiste na amnésia do vencedor, com o esquecimento impiedoso das vítimas. Contra essa amnésia, Deus faz presentes as vítimas, possibilitando a cultura da anamnese. Com olhos abertos e memória ativada, a teologia continua a falar de Deus enquanto escuta o clamor dos que sofrem.

Todos os que vivemos essa pandemia jamais esqueceremos a visão do papa Francisco, sozinho na imensa praça de São Pedro, em Roma, em meio à chuva e ao frio, testemunhando que Deus está conosco na barca que as ondas batidas pela tempestade parecem tragar irremissivelmente. Sem minimizar em nada a gravidade do momento, sua figura vestida de branco era o único ponto luminoso em meio à desolação do ambiente esvaziado de vida e presenças humanas.

Presente junto a suas ovelhas, o Pastor falou de Deus. E o fez dirigindo-se a crentes e não crentes, uma vez que o amor de Deus abarca a todos e é mais universal que qualquer pandemia, e passa por pessoas que não tinham importância no mundo que existia antes, onde a pressa, o êxito e a riqueza pareciam ser os únicos valores.

O Papa disse que "nossas vidas são tecidas e apoiadas por pessoas comuns, geralmente esquecidas, que não aparecem nas manchetes dos jornais e revistas ou nas grandes passarelas, mas, sem dúvida, escrevem hoje os eventos decisivos da nossa história". Referia-se, com certeza, a todos aqueles que, pertencendo a diferentes religiões ou a nenhuma, expõem-se ao risco do contágio para cuidar dos doentes pela pandemia.

O romance de Camus relata essa caridade anônima que ao longo do romance dialoga com a honestidade comovente e inabalável do médico. O jovem voluntário lhe pergunta: "Pode-se ser um santo sem Deus?". A resposta que o médico não dá está sendo dada diuturnamente durante a pandemia que vivenciamos há meses, pelas vidas anônimas que tecem nossa história: os agentes e profissionais da saúde, os líderes comunitários e tantos outros mais.

Conclusão: santidade como discurso possível sobre Deus

Na recente exortação pós-sinodal do papa Francisco, *Gaudete et exsultate*, aparece uma nova nomenclatura para caracterizar os santos, heróis da fé e paradigmas da caridade: os santos ao pé da porta, que constituem a classe média da santidade. Onde podemos encontrar, hoje, esses *santos* que estão a nosso lado, ao pé da nossa porta? Segundo Francisco, no povo paciente de Deus: na família, nos pais que criam os filhos com amor apesar das dificuldades; na gente que trabalha incansavelmente por anos para trazer o pão para casa; nos doentes e idosos que continuam a sorrir.

Hoje acrescentaríamos: nos médicos que trabalham dia e noite à beira do leito dos doentes, buscando a cura para sua enfermidade. Nos enfermeiros que cuidam dos corpos doentes, dando-lhes alívio, curando-lhes feridas, alimentando-os, animando-os, chamando-os das trevas da enfermidade, onde se encontram mergulhados, de volta à luz da vida. Técnicos de enfermagem, auxiliares, intensivistas repetem, dia e noite, a via-sacra e a vigília ao lado dos doentes.

Há também os que trabalham e não podem estar em casa, resguardando-se do contágio para que tantos possamos assim estar: caminhoneiros que trazem os alimentos aos supermercados, funcionários que repõem as mercadorias nas estantes, policiais que patrulham as ruas vazias, cuidando da segurança, lixeiros que recolhem o que sobrou de nossa mesa e de nosso cotidiano.

Esses que esquecem o próprio cansaço para que a vida não pare de acontecer em nosso mundo doente e enfraquecido são os verdadeiros porta-vozes de Deus. Seu trabalho dedicado e silencioso fala mais que todos os nossos discursos nesta situação tão dolorosa, mas que pode abrir o caminho da esperança de que outro mundo seja possível.

CAPÍTULO XII

O silêncio de Deus no grito das vítimas

Fernando Altemeyer Junior

O tempo de quarentena se fez momento propício para meditação. Fomos instados a penetrar nos recantos mais escondidos de nossa vida e rever mentalmente pessoas e fatos da vida. Da janela de meu quarto, contemplo na Sexta-feira da Paixão um céu de azul exuberante, quando por anos era de um cinzento dolorido. Muitos periquitos, sabiás-laranjeira cantam e singram os ares paulistanos. Seria essa a vingança de Gaia? Homens calados e criaturas em festa? Esse seria o retorno da vida escondida em tempos de um longo antropocentrismo necrófilo?

Se não soubesse pelo calendário que vivo em tempo outonal, diria que fui transportado para o outro hemisfério. Parece que a primavera quis anunciar sua presença pascal. Eis um primeiro paradoxo nestes trinta dias de permanência em nossa casa com a família restrita. A quaresma católica pela primeira vez se fez algo real e coletivo. Para muitos o jejum tornou-se fome, a penitência veio marcada pela solidão e a oração se fez o pão nosso de cada dia. Nunca rezamos tanto. Nunca clamamos tanto. Um eminente teólogo católico, o padre jesuíta Henri de Lubac, disse que o cerne do Evangelho é estar repleto de paradoxos e que o próprio ser humano é um paradoxo vivente.

Ao rememorar fatos de minha vida nesse retiro forçado, me veio à mente uma experiência (também ela paradoxal!), na cidade de Carmésia, junto com uma amiga religiosa, irmã Rosalina Biaggio, da congregação das salvatorianas. Nessa pequena cidade no interior de Minas Gerais, com religiosidade à flor da pele, vivi a Semana Santa como uma epifania religiosa. Durante a procissão de todo o povo da cidade pela única rua existente, contemplei emudecido e emocionado o Canto de Verônica, ritual antiquíssimo segundo o qual uma jovem, que leva consigo um véu enrolado tal qual imensa toalha, vai desnudando-o para que se possa contemplar ao final de seu canto de dor a representação do rosto machucado de Jesus. No caso, a moça subiu em um banco pequeno e entoou um responsório, correspondido pelo povo cristão de forma emotiva e orante. O texto tradicionalmente cantado é inspirado no versículo 1,12 do Livro das Lamentações de Jeremias, inserido na Bíblia Hebraica. A versão cantada remonta ao poeta e compositor Carlo Gesualdo, como parte de sua obra *Tenebrae Responsoria* [Responsório das Trevas], que data de 1611. Assim canta a jovem mulher diante do povo, do Crucificado e, por que não dizer, de todas as criaturas: "Ó vós todos que passais pelos caminhos, parai e vede se existe dor tão grande quanto a minha dor. Parai e vede se existe dor tão grande quanto a minha dor". Tal canto ainda ressoa em meus ouvidos, passados trinta anos dessa vivência religiosa. Sinto-me instado a parar e contemplar a dor do mundo. Ao ouvir o canto de tantas Verônicas, com seus panos estendidos de familiares sepultados sem velório, percebi que a metáfora cristã se fez realidade pela pandemia virótica.

Outra experiência paradoxal na semana anterior ao confinamento obrigatório: recebi de minha mãe, Carmen, como símbolo valioso guardado para mim, o crucifixo de mesa pertencente ao meu avô paterno, Wilhelm Altmeyer. Tenho-o sobre minha mesa nestes dias de reflexão. E esse crucifixo me pôs em crise. Notei que a peça artística está toda desconjuntada. Pensei em um primeiro momento que a falha era a falta de um pequenino prego que soltara da mão esquerda de Jesus e que o mantinha preso ao madeiro. Isso me incomodou, ao pensar que eu deveria buscar um novo prego para recolocar Cristo na cruz? Posso fazê-lo certamente, mas será que deveria? Quando, enfim, me dispunha a restaurar a peça artística com aquele maldito prego, eis que vejo que a haste horizontal se solta completamente da vertical e até mesmo a vertical separa-se da base da cruz. Assim me pego obrigado a refazer por completo a cruz inteira de Jesus. Ajustar as peças, repor os pregos, readaptar a inscrição. O Cristo de meu avô seguiria idêntico ao que ele tinha em seu oratório pessoal, mas as peças do quebra-cabeça simbólico me colocaram em imenso desconforto pessoal. Seria um desafio simbólico diante dos fatos reais de nossos dias, envolvendo pessoas presas às UTIs hospitalares ou barracas de campanha, sem respiradores e sem suporte clínico adequado?

Aprendi da minha família que o ato de fé é o mais livre e pessoal de todos os atos humanos. Não se impõe nem se barganha. É gratuito e ao mesmo tempo custoso. Sei por experiência vital que a fé não pode ser banal nem reduzida a conceitos e dogmas teóricos. Há algo de enigmático na experiência de Deus e de sua presença. Aprendi a degustar dias em que minha fé é clara e patente, quase inabalável, e momentos em que ela é vacilante e marcada por um ceticismo feroz.

As experiências vividas e contadas por minha mãe em duas guerras (a civil espanhola, entre 1936 e 1939, em Linares, Andaluzia, na Espanha, e em seguida a Segunda Grande Guerra, entre 1939 e 1945, em Leipzig, na Alemanha) forjaram em meu pensamento a intuição profunda de que, apesar do mal e contra o mal, existe Alguém que caminha conosco, às vezes revelando caminhos, outras vezes se escondendo em silêncios que pedem paciência e discernimento. Será preciso unir as minhas experiências pessoais ao que o mundo do pensamento me faz meditar com lucidez na hora em que vivemos. Unir o pessoal e o coletivo. O ancestral e o presente. Aprender do passado para não repeti-lo como farsa ou teatro burlesco.

Nas origens do pensamento grego emerge a tensão entre Xenófanes e Heráclito. Para o primeiro, criticar os deuses é suprimir todo antropomorfismo que faça que os deuses sejam volúveis, passíveis e em movimento. O dogma fundamental é o da imobilidade e imutabilidade do ser. A mutação é sempre aparência e erro. Na outra ponta, temos Heráclito, para quem tudo se move e se transforma. Basta olhar a natureza e o humano para ver o jogo de contrários e de paradoxos. O fogo primordial irá absorver finalmente todas as formas. Aristóteles reafirmará o motor imóvel. Heráclito seguirá sendo uma ameaça constante para pensar a natureza, a filosofia e Deus em processo. Heráclito, entretanto, sentir-se-ia feliz ao ler o livro do Qohelet, dito Eclesiastes, com uma reflexão dialética:

> Tudo tem o seu tempo determinado, e há tempo para todo o propósito debaixo do céu. Há tempo de nascer, e tempo de morrer; tempo de plantar, e tempo de arrancar o que se plantou; tempo de matar, e tempo de curar; tempo de derrubar, e tempo de edificar; tempo de chorar, e tempo de rir; tempo de prantear, e tempo de dançar; tempo de espalhar pedras, e tempo de ajuntar pedras; tempo de abraçar, e tempo de afastar-se de abraçar; tempo de buscar, e tempo de perder; tempo de guardar, e tempo de lançar fora; tempo de rasgar, e tempo de coser; tempo de estar calado, e tempo de falar; tempo de amar, e tempo de odiar; tempo de guerra, e tempo de paz (Eclesiastes 3,1-8).

A teologia processual e o Deus escondido

No século XX emergiu entre nós uma promissora leitura teológica que resgata a dinâmica de Heráclito e faz do paradoxo da vida uma maneira de ler Deus e sua presença na criação e na revelação, como alguém que participa da dor de suas criaturas. Um dos precursores dessa escola de reflexão é o filósofo Alfred North Whitehead. Seu seguidor foi Charles Hartshorne. E, de alguma maneira, traços dessa reflexão podem ser reconhecidos na obra de Pierre Teilhard de Chardin.

Assim, aquela maneira de falar e pensar sobre Deus presa ao imutável e, por consequência, à impassibilidade divina será cambiada em teologia "patética" e mutável. O próprio defensor intransigente da imutabilidade que é Orígenes, o qual pretende guardar-se das palavras que possam ofender a Deus onipotente, sabe que Cristo desceu dos céus por piedade e amor. Jesus sofreu as paixões humanas e a da cruz, pois participou plenamente da vida humana. E se Cristo, Filho Eterno de Deus, viveu plenamente a paixão do amor, podemos também afirmar que Deus-Pai, nele mesmo, Deus do Universo, é pleno de misericórdia e piedade e sofre de alguma maneira por nós e conosco. Diz Orígenes: "O Pai Eterno não é impassível. Se nós a ele pedimos, ele tem piedade e compaixão. Ele sofre uma paixão de amor" (Homílias sobre Ezequiel 6,6).

Este tema será também tratado por místicos e teólogos cristãos. O tema do Deus escondido ou misterioso que, apesar de sua Onipotência e Eternidade, nos ama por dentro de nossas entranhas. Na coleção de escritos proféticos, isso surge no livro de Isaías, capítulo 45, versículo 15: "De fato, tu és Deus escondido, o Deus de Israel, o salvador". Toda uma literatura iria assumir o que São Jerônimo traduziu na Vulgata por "Deus abscôndito". O apóstolo Paulo, peregrinando por Atenas, diz ter encontrado um altar entre os gregos e fala solene no Areópago: "Encontrei um altar com a inscrição: *Ao Deus desconhecido*. Pois bem, aquele a quem vocês veneram sem conhecer, é esse que eu lhes anuncio" (Atos 17,23). Traduziríamos *absconditus* por "escondido" ou, seria melhor dizer, "silencioso" e envolto de mistério? Aquele que se esconde daqueles que desprezam a vida e o amor e se manifesta aos que creem e vivem mergulhados em seu ser e presença. Na expressão do teólogo Karl Barth, é tarefa dos que creem e, de modo específico, dos teólogos reconhecer a presença e mesmo a ausência de Deus como necessária e ousada. Devemos falar de Deus, pois cremos nele, e por isso mesmo não podemos falar de Deus, mas indicar que estamos sempre em busca fiel das palavras do Deus que se revela pelo escondimento da cruz. É como se, de alguma maneira, disséssemos que aquele Deus que Friedrich Nietzsche diz estar morto ou que Franz Kafka apresenta metaforicamente como um abutre que come nossos pés, enquanto esperamos um Salvador que tarda com a arma que nos aliviaria a dor permanente, não existisse de fato.

A questão do silêncio ou inação de Deus diante das calamidades, pragas, guerras, epidemias, pandemias e crueldades de tiranos ou totalitarismos recorrentes no mundo é bem antiga. Alguns até identificam esse silêncio dos céus e do Criador com a aposta deísta de que existe verdadeiramente um Deus ocioso e inerte. Fez o mundo e dele afastou-se por toda a eternidade. Talvez volte ao final dos tempos. Por ora, somos órfãos e devemos assumir essa orfandade. Além de cruel, essa visão faz de Deus um observador sarcástico.

Outros, no seguimento de Santo Agostinho, procuram discernir e compreender o que o silêncio nos diz. O próprio Santo Agostinho assim escreve em sua obra *Da Verdadeira Religião* 39,72:

> A sabedoria de Deus se estende de um ao outro confim e por ela o supremo Artífice coordena todas as suas obras para um fim de beleza. Assim a bondade e a beleza, desde a mais alta até aquela mais ínfima, dela procedem, de tal sorte que ninguém é afastado da verdade, sendo acolhido por alguma imagem da mesma. Reconhece a suprema congruência na vida. Não queiras sair de ti, entre dentro de ti mesmo, porque no homem interior reside a verdade, e se vês que tua natureza é mutável, transcende a ti mesmo, mas não te esqueças que, ao alcançares os píncaros de teu ser, tu te elevas sobre a tua alma, dotada de razão. Encaminha, portanto, teus passos para onde a luz da razão irrompe. Todo bom pensador busca a verdade. Confessa que tu não és a Verdade, pois ela não busca a si mesma, enquanto você a alcança pela investigação, não percorrendo os espaços, mas pelo afeto espiritual, para que o homem interior esteja de acordo com sua hóspede (Santo Agostinho, *De vera religione*, I, I, c. 39 [n. 72] PL 34 c. 154).

Na mesma trilha, lemos as reflexões dos reformadores Calvino e Martinho Lutero. Em seguida, os textos místicos de Nicolau de Cusa e de Mestre Eckhart. Também irão aprofundar a presença e a revelação de Deus os pensadores Tomás de Aquino e Blaise Pascal.

Instigante para o seu tempo é a reflexão do místico e médico alemão Johann Scheffler, autodenominado "Anjo da Silésia". Diz ele, em seu livro de aforismos: "Para! Aonde corres? O céu está em ti! Se procuras Deus noutro lugar, sempre mais o perdes" (Angelus Silesius, *Peregrino Querubínico* I, 82). E mais: "Basta um único suspiro" (PQ II, 64). Ele acredita que, para acessar o essencial, é preciso interromper a linguagem (PQ II, 68). Esse silêncio obsequioso é revelador de sentido do viver e do morrer. De certa maneira, o silêncio é aquele lugar que revela o Deus vivo e verdadeiro. Sem silenciar, nossas palavras acabam por esconder a Deus. Contemplar onde alguém está amando, eis a tarefa de quem crê. Calar para discernir os lugares primordiais da presença de Deus, em tempos de pandemia. Como disse o arcebispo de Lima, Dom Carlos Gustavo Castillo Mattasoglio, em belo poema: "Quem disse que Jesus não sairá na Semana Santa?".

Para desvelar o drama que a humanidade vive com tantas mortes de inocentes, de idosos, de sacerdotes devotados, de crianças, de médicos e enfermeiras em seu labor filantrópico, temos que buscar ajuda nos poetas e na arte. Só a beleza é capaz de salvar o mundo, nos revelou Fiódor Dostoiévski. Assim, temos de nos achegar a um Vincent van Gogh, de quem se dizia ter um grande fogo na alma e que bem poucos em sua vida se achegaram para aquecer-se junto dele. Muitos viam o calor pujante de sua arte e de seu coração, mas seguiram por seu caminho sem curvar-se reverencialmente.

O Anjo da Silésia pede que cada um de nós pare. O vírus nos fez parar. Fez parar o planeta inteiro. Fez que nos recolhêssemos ao lar e à intimidade. De maneira atroz e cruel o vírus tal qual inimigo insidioso nos fez conhecer nos nossos próprios defeitos, tal qual nos ensina Nichiren. A hora é de decisão: cada qual com seus atos e omissões está definindo o futuro da humanidade. Não há mais espectadores calados. Exercício duro que dói mais que a corrida frenética que nos conduziu à morte por desprezo à natureza e ao cuidado da Terra e dos irmãos empobrecidos. Dessa vez, o sofrimento não é imaginário nem uma cegueira moral alimentada pelo desejo de mercadorias, de aumentar o capital ou viver em mundos de supérfluos, enquanto bilhões vivem na miséria. O vírus se tornou uma espada de Dâmocles sobre nossas cabeças. Um fino fio da crina de um cavalo que podia romper-se a qualquer minuto. E ele se rompeu. E nós agora precisamos enfrentar a lâmina da morte com a couraça da fé e a labuta da ciência e da fraternidade.

Decifrar o enigma de Jó e Blaise Pascal

Esse sofrer precisa ser decifrado, ainda que esteja envolto em mistério. Será preciso ultrapassar a dor animal que pode brevemente ser anestesiada. Será preciso ultrapassar a dor econômica, que pode ser sanada pela partilha do pão que não se acumule. Isso não quer dizer que devemos submeter-nos ao dolorismo sádico que diz: "Só nos resta sofrer e calar. Muitos devem morrer como preço para uma nova humanidade imune e purificada". Isso seria indigno de uma criatura divina. Jamais podemos resignar-nos em atitude de passividade mórbida ou apoiar a ética que seleciona quem deve morrer e quem deve viver. O nome disso é eugenia e fere os fundamentos da humanidade. Acolher o sofrimento atual exige uma ação persistente. Aqui novamente emerge o paradoxo. Sofrer enquanto lutamos. E lutar sem arrogância enquanto percorremos o mapa da existência. Sempre precisamos chorar e demonstrar nossa fragilidade. Deus ouve esse clamor do desvalido e do vulnerável. E não nos deixa sós. Sempre é oportuno queixar-se diante do Criador. Esse é o ensino do livro do impaciente Jó. O livro do grito do inocente, intitulado Livro de Jó. Em 41 capítulos, temos uma preciosidade da literatura semita. É uma ficção sobre um homem justo, fiel às leis e tradições, que sofre males, penas e sofrimentos indizíveis, e até, por que não dizer, injustos. O livro mescla prosa e poesia para desvelar o sofrimento humano aos seus companheiros de vida e de dor. A moldura do livro está no prólogo e no epílogo, apresentando a vida feliz e a provação pela miséria e pela doença, que afinal terminam com um final feliz. O corpo do livro é todo ele poético. É pleno do debate entre Jó e seus "amigos" Elifaz, Baldad, Sofar e Eliú. Jó assume uma irritante impaciência e passa a lançar verdadeiros impropérios contra tudo e todos. São dezenas de maldições e palavrões contra a teologia da prosperidade e da retribuição. Seu discurso é o discurso da angústia humana; afinal, Jó, etimologicamente, representa "grito", em hebraico. Jó é o homem maltratado, sente a dor humana e, portanto, grita, urra, clama, geme. Jó é tal qual caniço que verga ao vento emitindo um som triste e ao mesmo tempo meigo. Caniço se curva e se ergue novamente. Jó é o suspiro de quem sofre, mas crê. Ensinava excelente professor de hebraico, o padre redentorista Rômulo Candido de Souza:

> Querer retocar essa imagem seria estragar um dos símbolos mais expressivos dessa angústia. Jó nunca existiu em carne e osso. Ele é a carne e os ossos de todos os homens de todos os tempos, como Caim e Abel. É o grito do homem, não apenas de um homem. O livro de Jó ensina a perceber como Deus age e como nem sempre compreendemos seu desígnio de amor. Isso revela a quinta camada mais recente do texto escrita por volta do século III antes de Cristo, apresentada no capítulo 28, onde lemos o elogio da Sabedoria divina. O versículo 28 é crucial: "A sabedoria está em temer o Senhor, e a inteligência está em afastar-se do mal".

Ao enfrentar o coronavírus e toda a sua força destrutiva, compreendemos que o humano, de forma solidária, está conhecendo-se melhor, sabendo quem defende a vida e quem é perverso e mesquinho. O vírus está se tornando um divisor de águas e possibilitando aos cientistas, religiosos e pessoas de tantos povos e culturas estar cada qual mais atento de si e mais interconectado com os demais. Há mais clareza da condição humana e da razão de vivermos neste planeta, neste pálido ponto azul no Universo, como descreveu Carl Sagan.

A lição aprendida por Blaise Pascal segue atual: "Cristo estará em agonia até o final do mundo". E Pascal completa:

"E não podemos dormir enquanto isso". Podemos tirar uma lição de coerência e sintonia com esse Jesus no madeiro. Ele segue conosco e em nossa agonia. Em qualquer momento, posso achegar-me a ele. Se hoje estou no Calvário, ele também segue comigo. Essa foi a resposta de E. Wiesel, quando responde ao companheiro do campo de concentração, diante de três companheiros enforcados pelos nazistas, que queria saber onde estava Deus? Onde? E Wiesel diz: "Ele está aí, pendurado na forca!".

O salmista exprime sua confiança, em tempos de trevas, orando do fundo do coração: "Eu, pobre e indigente, que o Senhor seja solícito comigo. Tu que és o meu socorro e o meu libertador, meu Deus, não demores!" (Salmo 39[40],18).

Tais escritos, embora pareçam carregados de pessimismo, são certamente como o fogo que torna substâncias duras em líquidas e moldam a dor em esperança de mudança. Sabemos que há males por toda parte: coronavírus, dengue, sarampo, influenza, miséria e fome. Buscar a Deus em tempo de precariedade mundial é reviver o paradoxo cristão, tal qual o exprimiu o padre belga José Comblin, pelo conceito de provisoriedade. A espiritualidade que nos falta é a espiritualidade do provisório. É no amor efêmero das coisas efêmeras e no amor por pessoas marcadas pelo tempo que encontramos o portal para viver a vida eterna de Deus. A única esperança de nos integrar no definitivo e de nos prender ao Eterno é amar as coisas passageiras que nos rodeiam. A cada dia sua pena, dizia Jesus. Olhar a vida e vivê-la como lírios do campo. A verdadeira volta a Deus reside na paciência em tempos incertos. No amor terrestre em tempos fugazes. Viver Deus, sem prendê-lo nem manipulá-lo. Usar das coisas sem ser proprietário e senhor. Crer no amor do Criador sabendo que ele se fez um Deus Crucificado, como diz Jürgen Moltmann em sua obra exemplar.

Em tempos de pandemia, também os cristãos devem calar e aprender do silêncio. Não é preciso ostentar símbolos pelas ruas ou pela internet. É preciso mergulhar no enigma e rezar a dor das pessoas. Até mesmo de forma invisível. Esse foi o aviso do mártir Dietrich Bonhoeffer, pastor luterano assassinado por Adolf Hitler, ao dizer que o visível deve permanecer invisível, e que o visível ou extraordinário não deve ser visto. Por exemplo, dizia ele que a oração é absolutamente secreta. Abandonar-se a Deus e permitir que ele nos conduza por seu Amor na presença atuante de anjos guardiães. E assumir cada qual a tarefa humana de lutar contra as várias expressões do mal no mundo e dentro de nós próprios. Como dizia Albert Camus, falando aos frades dominicanos de Latour-Maubourg: "Se vós não nos ajudais, quem poderia nos ajudar neste mundo?". O homem revoltado, ideia que percorre toda a literatura de Camus, não deve justificar uma atitude covarde ou derrotista. Diante do mal precisamos manter nossos esforços em um combate audaz. Ficar ao lado dos humilhados, dos vulneráveis e dos subalternos supõe que estejamos munidos da louca generosidade ou de um estranho amor. Camus chama essa rebelião de fecundidade. Ainda que aparentemente impotente ante o mal, Deus está ao lado daquele que sofre. A Bíblia tem até um nome hebraico para essa presença: Miguel (Quem como Deus!). Um arcanjo invisível que está sempre ao nosso lado na hora do combate. Essa rebeldia seja nossa razão de existir. Como dizia Heráclito: "Se não esperamos o inesperado, não o reconheceremos!".

Os filhos de Abraão unidos ao Deus misericordioso

A rica tradição muçulmana ensina que Deus nunca está em silêncio ou inativo. Como fonte de misericórdia e verdade, ele produz vida onde parece reinar a morte. Assim diz o Alcorão Sagrado, exigindo de todos os crentes a atitude de fidelidade absoluta: "[...] Pode ser que vocês não gostem de uma coisa, mas ela é boa para vocês [quando chega o resultado]. Por outro lado, pode ser que vocês gostem muito de uma coisa, mas ela não é boa para vocês [no final das contas]. Deus sabe [bem melhor o que faz e lhes dá], mas vocês não sabem" (2:216). E ainda no livro Sacratíssimo dos irmãos muçulmanos: "Qualquer que seja a aflição que atinge a vocês, é por causa do que as suas mãos cometeram [de pecado, injustiça e desobediência a Deus], e ainda assim Deus tolera e perdoa muita coisa" (42:30).

A tradição semita, vivida em um calendário anual de festas agrícolas, determina que, após a Páscoa, se siga um período de sete semanas de pranto. Isso está ligado simbolicamente ao fracasso da revolta judaica contra Roma no segundo século d.C. e à perda de inúmeros sábios judeus por causa de uma peste. Ao final dos cinquenta dias, na festa de Pentecostes, a sinagoga é decorada com flores, plantas e se comem produtos lácteos. Vida se mescla com a morte. E a morte é transfigurada em esperança e fidelidade concreta à Torá e aos mandamentos da justiça social.

Retomando a imagem do paradoxo, devemos encerrar a reflexão sugerindo manter sempre em nossas vidas certa coincidência dos contrários. Sabedoria e inteligência em tensão constante. Morte e vida Severina, como nos ensinou João Cabral de Melo Neto. As duas faces da mesma moeda. Interioridade e exterioridade em diálogo. Assim podemos chorar com Verônica, como se o rosto inscrito no pano fosse o nosso ou como se, ao refazer a cruz de Cristo, também nós clamássemos ao Deus da vida: *Eloi, Eloi, lama sabachtani* ("Deus meu, Deus meu, por que me abandonastes?"). E quando o Cordeiro de Deus abrir o sétimo selo e um silêncio no céu durar cerca de meia hora (Apocalipse 8,1), muitos podem pensar que teríamos chegado ao final da história humana, mas, surpreendendo-nos, veremos sete Anjos com suas trombetas abrindo uma nova etapa da história humana, que supere o domínio violento, a opressão contra os seres vivos e onde triunfe o Amor, a Verdade e a Liberdade. Choraremos os mortos, consolaremos as famílias e os laços se fortificarão. Afinal, como disse Mahatma Gandhi, nenhum povo evolui sem passar por um grande sofrimento.

Vendo os sinais de Deus ou tateando na escuridão sem compreender seu silêncio, poderemos fazer coro ao filósofo dinamarquês Soren Kierkegaard, em sua oração pessoal:

Não nos permita jamais esquecer que tu falas mesmo quando tu estás calado; dê-nos também essa confiança, quando, esperando tua vinda, saibamos que tu te calas por amor como falas por amor. Portanto, quer tu silencies, quer fales, tu és sempre o mesmo Pai, o mesmo coração paternal, quer nos guies por tua voz, quer nos faça crescer por teu silêncio.

POSFÁCIO

Considerações transitórias...

A humanidade vivencia a maior crise global de sua história. Sem avisos nem previsões, a pandemia se instalou rapidamente no planeta e se tornou não somente uma ameaça geral, mas também uma causa planetária acompanhada em tempo real, vivenciada como conexão empática e como estratégia de aprendizado consensual. E, paradoxalmente, nunca fomos ao mesmo tempo tão globais e tão locais. O próximo e o distante se interconectaram como desafio, como drama, como grito e como olhar para o futuro. Nossa consciência planetária terá, por certo, dado um salto de qualidade. A memória dolorosa da grande pandemia marcará nossa geração e ecoará com seus dramas e desafios para cada indivíduo e para o conjunto da população mundial. O que virá depois da pandemia para o planeta, para cada nação, para as famílias e para cada pessoa? Mais que os dramas concretos do presente, o futuro emerge como risco e como conflito sobre as estratégias a serem adotadas imediatamente. A anunciada derrocada econômica coloca em questão os valores que deverão orientar as ações atuais dos governos e, por decorrência, da população em geral. Uma ética da vida ou uma ética econômica? Eis a questão que atravessa todos os discursos e estratégias e que demarcará as opções políticas de agora em diante. Salvar as vidas por causa da economia, ou salvar a economia por causa das vidas?

Toda crise traz em suas entranhas a pergunta urgente e até desesperada pelo futuro. A palavra "crise" – *krisis*, em grego – diz respeito ao momento em que os fatores configuram um quadro que torna o diagnóstico médico possível. A pandemia jogou na arena pública mundial a conjuntura de crise, escancarou os limites da vida, das economias e dos governos, na oferta de soluções imediatas. A crise é o corte abrupto da regularidade histórica, no caso, da rotina planetária. Essa rotina vinha sendo traçada, havia algumas décadas, por um regime econômico supostamente concluído e, para o bem da verdade, em tempos recentes, por uma crise epidêmica de poderes que ensaiavam regimes autoritários pelo mundo afora. Contudo, nada se configurou como essa pandemia. O planeta parou e se colocou em postura de urgência e de revisão de suas práticas econômicas, políticas e culturais.

Nem toda crise se configura como surpresa, como a que ora vivenciamos. Todas, porém, escrevem a história das incertezas sobre o futuro. É entre o passado e o futuro que se instala o intervalo da incerteza que purifica os esquemas antigos e as utopias novas, como crisol que purifica o metal duro e imutável. Na crise, o passado mostra seus limites precisamente por não ter podido evitá-la, o presente se mostra como desconfiguração geral e o futuro emerge como saída necessária e, por certo, como o horizonte que resta. A crise acorda as utopias adormecidas, as viáveis e as inviáveis, as que podem edificar novas formas de viver e as que podem destruir a humanidade. Foi da crise da Primeira Guerra e da depressão econômica de 1929 que o nazifascismo se consolidou como oferta de solução para os alemães e para os países do eixo. A hora da crise é, portanto, a hora urgente de pensar sobre as leituras do presente, mas, sobretudo, sobre as leituras do futuro. Qual futuro se desenha como rumo para essa pandemia? As utopias coletivas andavam adormecidas e, até mesmo, dispensadas dos horizontes políticos das últimas décadas. O mundo será capaz de desenhar novos rumos após as consequências econômicas da pandemia, ou vai se alimentar dos restos requentados do neoliberalismo? Os Estados retomarão sua negada função social, ou vão retomar a ideologia do Estado mínimo, depois que esquecermos os mortos? Qual será o lugar da humanidade assumida como igualdade radical no que será assumido de agora em diante? Uma gestão planetária capaz de cuidar da vida de todos e de tudo ganhará legitimidade e viabilidade?

A humanidade se encontra em meio a uma grande travessia. Não sabemos a dimensão do percurso e, menos ainda, o que nos aguarda do outro lado. A pandemia acordou o planeta de algumas ilusões. Ao menos de imediato, algumas verdades se mostraram, de fato, como ilusões: a ilusão do progresso e do consumo sem limites; a ilusão do bem-estar universal e de um regime pronto a dispensá-lo por todas as vias; a ilusão de um capital mundial salvador do mundo; a ilusão de uma ciência prepotente sempre disponível a intervir em qualquer crise sanitária; a ilusão de uma religião do Deus onipotente que intervém quando a ordem natural joga contra a prosperidade. Uma tirania do presente, exercida e imposta como posse instantânea da felicidade individual, colapsou como regra de vida e solicitou o futuro como socorro para suas promessas. Nada mais é seguro e o que era tido como certo se tornou de repente incerto. O que será o amanhã?

Que as urgências do presente não sufoquem com suas legítimas soluções imediatas as ofertas de futuro que chegam quase sempre sorrateiramente, como chegaram aquelas destrutivas do passado. É precisamente no meio das medidas imediatas ou escondidas por debaixo delas que as utopias vão sendo vendidas e que os messias políticos ganham fôlego. As perguntas repetidas pelo papa Francisco sobre o futuro do planeta ganham agora uma concretude urgente. Por onde será encaminhada a gestão do planeta depois da pandemia? O lucro que gera lucro mostrou que não oferece nenhuma solução. Os poderes autoritários emergentes mostraram que podem ruir com a morte das pessoas e que suas soberanias se desfazem com a entrada do microrganismo por dentro de seus muros. A crise revelou a urgência de um regime que dê conta do mais básico: salvar vidas. Revelou também que, quem está de pé, deve cuidar-se para não cair (1Cor 10,12). A precariedade da vida expõe a precariedade das ideologias, dos regimes econômicos e políticos. A precariedade das soluções expõe a precariedade das leituras religiosas que reproduzem as soluções mágicas. O vírus implacável exigiu ouvir as ciências e buscar os meios mais seguros de contornar a contaminação. Os fanáticos do mercado, da política e das religiões afirmaram soluções falsas, contra a vida. Mas, como nunca antes, o planeta sentiu de forma sensível o valor da vida e se curvou sob ele, mostrando ao mundo o retrato da dor, o silêncio das ruas, a parada do trabalho frenético, as estratégias de solução. O mundo parou por causa do medo da morte, mesmo sabendo dos riscos econômicos dessa parada. Nunca fomos tão animais fugindo do perigo. Nunca fomos tão racionais interpretando a pandemia e traçando soluções a partir das ciências. Nunca fomos tão humanos olhando uns para os outros sem inimigos a serem abatidos. Nunca fomos tão globais conectados em tempo real no destino comum. Contudo, o futuro ainda não nos agrega em sonhos nem em metas comuns. Ainda buscamos a humanidade como valor e vida comum inseridos na casa comum. Agarrados como espécie em risco, ainda perguntamos onde estávamos. Para onde iremos?

O futuro necessita ser pensado, debatido e colocado como urgência. Não faltarão ladrões que já começam a roubá-lo desde já. Os que acreditam que o ser humano é um valor inegociável já sabem aonde deve chegar. Os que acreditam que Deus é o autor da vida, Pai de todos e protetor dos pobres sabem por onde o mundo deve buscar seu rumo.

Autores

Alzirinha Souza
Doutora em Teologia e professora da Unicap.

Fábio L. Stern
Doutor em Ciência da Religião e pós-doutorando PNPD/ Capes no Programa de Ciência da Religião da PUC-SP.

Fernando Altemeyer Junior
Doutor em Ciências Sociais e professor na PUC-SP.

João Décio Passos
Livre-docente em Teologia, professor na PUC-SP e editor da Paulinas Editora.

João Justino de Medeiros Silva
Doutor em Teologia, arcebispo de Montes Claros e presidente da Comissão Episcopal Pastoral para a Cultura e Educação – CNBB.

Jorge Broide
Doutor em Psicologia Social, professor na PUC-SP.

Ladislau Dowbor
Doutor em Economia e professor na PUC-SP.

Lucia Maria Machado Bógus
Doutora em Sociologia e professora da PUC-SP.

Luís Felipe Aires Magalhães
Doutor em Ciências Sociais e pós-doutorando PNPD/Capes no Programa de Ciências Sociais da PUC-SP.

Luiz Augusto de Paula Souza
Doutor em Psicologia Clínica e professor na PUC-SP.

Magali do Nascimento Cunha
Doutora em Comunicação e ex-professora da Umesp.

Marcio Pochmann
Doutor em Economia e professor na Unicamp.

Maria Clara Lucchetti Bingemer
Doutora em Teologia e professora na PUC-Rio.

Vera Lucia Ferreira Mendes
Doutora em Psicologia Clínica e professora na PUC-SP.

Rua Dona Inácia Uchoa, 62
04110-020 – São Paulo – SP (Brasil)
Tel.: (11) 2125-3500
http://www.paulinas.com.br – editora@paulinas.com.br
Telemarketing e SAC: 0800-7010081